人性

HUMAN NATURE

[美] 戴尔·卡耐基 著　高原 译

民主与建设出版社　博集天卷　CS-BOOKY

图书在版编目（CIP）数据

人性 / （美）卡耐基著；高原译 . —北京：民主与
建设出版社，2014.9

ISBN 978-7-5139-0450-6

Ⅰ.①人… Ⅱ.①卡… ②高… Ⅲ.①成功心理—通俗
读物 Ⅳ.①B848.4-49

中国版本图书馆CIP数据核字（2014）第189566号

© 民主与建设出版社，2014

出 版 人　许久文

责任编辑　王　颂

监　　制　于向勇

特约编辑　马占国　王　蕾

封面设计　主语设计

内文排版　百朗文化

出版发行　民主与建设出版社

电　　话　（010）59417745　59419770

社　　址　北京市朝阳区曙光西里甲6号院时间国际大厦H座北楼306室

邮　　编　100028

印　　刷　北京天宇万达印刷有限公司

成品尺寸　165mm×240mm

印　　张　16

字　　数　220千字

版　　次　2014年10月第1版　2014年10月第1次印刷

书　　号　ISBN 978-7-5139-0450-6

定　　价　35.00元

注：如有印、装质量问题，请与出版社联系

读懂人性，读懂一切

★ 《人性》是卡耐基对人性的一次总结，包括"人性的弱点"与"人性的优点"。翻译者高原在卡耐基原版本的基础上加入了当下最接地气的案例，并且随书总结附录：卡耐基给年轻人的一百句忠告。一本书让你了解卡耐基作品的所有精华！

★ 卡耐基对人性的洞见，指导着千百万人改变思想，完善行为，走上成功之路。他以超人的智慧、严谨的思维，在精神和行为方式上指导万千读者，帮助人们走出迷茫和困顿，让人们内心变得强大、无所畏惧，让每一个读者都能实现良好的人际沟通，发挥出自己的最大潜能。

★ 卡耐基的《人性》自从问世以来，就改变了千千万万人的命运。发明之王爱迪生、相对论鼻祖爱因斯坦、印度"圣雄"甘地、"米老鼠之父"沃尔特·迪斯尼、建筑业奇迹的创造者里维父子、旅馆业巨子希尔顿、麦当劳的创始人雷·克罗克、白手起家的台湾首富王永庆等，都深受卡耐基思想和观点的激励与影响。

★ 全球卡耐基训练班创立于 1912 年，在全世界超过九十个国家设有分支机构，并拥有统一的教学内容与优秀的品质，以三十多种语言提供专业服务。全球五百强企业中，超过四百家企业长期使用卡耐基训练。

除了自由女神，卡耐基精神就是美国的象征。

——《纽约时报》

由卡耐基开创并倡导的个人成功学，已经成为这个时代有志青年迈向成功的阶梯，通过他的传播和教导，无数人明白了积极生活的意义，并由此改变了他们的命运。卡耐基留给我们的不仅仅是几本书和一所学校，其真正价值是他把个人成功的技巧传授给了每一个向往成功的年轻人。"

——美国第 35 任总统 约翰·肯尼迪

成功其实很简单，只要遵循卡耐基先生这些简单、适用的人际标准，你就会获得成功。

——马克·维克多·汉森（畅销书《心灵鸡汤》作者）

我们一天的祸福悲欢，往往决定于我们的言语和交往。

——戴尔·卡耐基

目录
C O N T E N T S

第八章
CHAPTER 8 **驱散忧虑的阴云 / 169**

第九章
CHAPTER 9 **写下你的人生规划 / 191**

第十章
CHAPTER 10 | **符合人性的良好习惯 / 215**

人性，成功的关键点

　　成功，一个多么美妙的词语，说起来如此容易，看上去，却又那么遥远。不过，你大可不必为了成功的遥不可及而沮丧，因为这个世界上曾经出现过一个名叫戴尔·卡耐基的人。

　　戴尔·卡耐基是西方现代人际关系教育的奠基人，被誉为是 20 世纪最伟大的心灵导师和成功学大师。他在 1912 年创立卡耐基训练班，教导人们人际沟通及处理压力的技巧。他的《人性的弱点》出版之后，立即风靡全球，先后被译成几十种文字，被誉为"人类出版史上的奇迹"。他所有著作的总销量在美国仅次于《圣经》。

　　《纽约时报》曾撰文写道：除了自由女神，卡耐基精神或许就是美国的象征。美国约翰·肯尼迪总统在评价卡耐基时说道："由卡耐基开创并倡导的个人成功学，已经成为这个时代有志青年迈向成功的阶梯，通过他的传播和教导，无数人明白了积极生活的意义，并由此改变了他们的命运。卡耐基留给我们的不仅仅是几本书和一所学校，其真正价值是：他把个人成功的技巧传授给了每一个向往成功的年轻人。"

　　目前卡耐基训练班在全世界超过九十个国家设有分支机构，毕业学员超过八百万人。世界五百强企业中，超过四百家企业长期使用卡耐基训练。

　　准确地说，戴尔·卡耐基是一名老师，这名老师不教别的，就只教一样东西——成功。在卡耐基的指导下，无数人获得了他们梦寐以求的成功，美国 96% 的富豪都在学习卡耐基。

　　而这，或许也正是成功学导师卡耐基这辈子最大的成功。

　　也许你会心存疑惑，成功这两个字对于每个人来说，其含义都不尽相同，卡耐基是如何让不同的人获得他们心目中的成功的呢？事实上，卡耐基不会告诉也无法告诉那些来自五湖四海各行各业的人具体该怎样去获取成功，他只帮助人们了解一样东西，这样东西便是人性。在卡耐基看来，人性便是成功的关键点，因为无论如何，想要成功你必须与人打交道，这里的"人"一方面是指他人，另一方面也指我们自己。

卡耐基利用大量普通人不断努力取得成功的故事，对人性进行了深刻的探讨和分析，独辟蹊径地开创了一套将演讲、为人处事、消除忧虑和烦恼、获得成功与幸福融为一体的人生哲学和教育模式，激励了无数陷入迷茫和困境的人，帮助他们重新找到了自己的人生。这就是卡耐基所做的，他帮助人们了解人性，指导人们如何去利用人性，克服人性的弱点，发扬人性的优点，抓住成功的关键点，于是人们纷纷为自己打开了成功之门。

在卡耐基生前，人们对他的课程趋之若鹜，在卡耐基逝世之后，他的著作便成了最经典的成功学书籍。本书是一本由戴尔·卡耐基创作并改变了无数人人生轨迹的经典励志读物，这本书唯一的目的就是帮助你解决你所面临的最大问题：如何成功地向别人推销自己；如何在你的日常生活、商务活动与社会交往中与人打交道；如何避免与别人争吵，并有效地影响他人；如何击败不良的情绪，走向快乐成熟的人生……

你真想让自己的生活变得更好吗？如果是，那么这本书就是你最好的老师。阅读它，再阅读它，然后开始行动。切记，积极行动是最关键的，因为卡耐基曾说："如果你想要从他人的智慧中获益就必须具备一项不可或缺的条件，否则再多的方法也帮不了你的忙。这个神奇的条件就是：迫切改变自己和学习的意愿。"

行动起来吧，你将在最短的时间内汲取大师的思想精粹，一路走向幸福和成功！

推销自己并不难

　　我们一生都在向别人推销自己，无论是工作、交友还是恋爱，事实上都是一个让别人喜欢你、认可你并且接纳你的过程。然而这个世界上有千千万万的人，我们如何让自己成为别人的最终选择呢？这就需要我们学会如何抓住人性，展现出让人欣赏的一面，以便将自己成功地推销出去。

◎ 把自己当成一件商品

商品只有推销出去，才能实现其内在价值，人也是一样，推销实际上是一种人生状态。

拿破仑·希尔曾经说过："如果你想成为一个不平凡的人，就要学会怎样推销自己。"

每个人内心都潜藏着成功的欲望，每个人都渴望能够成为一个不平凡的人，为自己的人生开拓出一片崭新的天地。我们生存于社会之中，无论做任何事情，想要成功就必须得到别人的认可和支持。

在工作中，我们需要得到上级的认可；在生活中，我们需要得到朋友的欣赏；在爱情中，我们需要得到异性的喜欢。而这些，实际上都是我们进行自我推销的结果。人和商品是一样的，想要实现人生价值，就必须先把自己成功推销出去。

商品的价值是通过交换来实现的，这就意味着，消费者的需求在很大程度上影响着商品的价格，因此，在推销商品的时候，我们更多地应该考虑消费者的需求，而不仅仅只是个人的好恶。推销自己和推销商品是一样的，我们更多地应该考虑对方的需求，并根据这一需求，来展现自己的特点。

西蒙·福格从伯明翰大学毕业后的第二天就来到了《泰晤士报》总编办公室，询问说："请问你们现在需要编辑吗？"

总编回答说："不需要。"

西蒙·福格还不死心，继续问道："记者呢？"

"不需要。"

"排版工呢？"

"不需要。"

"那校对员呢？"

"抱歉，我们现在没有任何职位空缺。"

总编显然已经有些不耐烦了。

西蒙·福格想了想，突然从包里掏出了一块牌子，对总编说："那我想，你们一定需要这个吧！"

总编抬起头一看，那块牌子上写着"额满，暂不雇用"几个字。

就因为这个牌子，总编留下了西蒙·福格。二十五年后，西蒙·福格成了《泰晤士报》的新总编。

一块小小的牌子，改变了西蒙·福格的一生。制作这块牌子对于任何一个会写字的人来说都是轻而易举的事情，虽然它也不能将西蒙·福格的特长和优点完全展现出来，但它打动了总编的心，让西蒙·福格获得了一个宝贵的机会，这实际上正是我们之前谈到的，在推销自己的时候，应该更多地考虑对方的需求。

西蒙·福格或许是一个优秀的编辑，也可能是一个梦笔生花的记者，但《泰晤士报》此时并不缺乏这些资源，就算展现出再多这方面的特长，也未必能够打动总编的心。但那一块小小的牌子，却从侧面体现出了西蒙·福格机智的应变技巧，以一种不乏幽默的方式展现出了他与众不同的特点。

在推销自己的时候，更多地考虑对方的需求，并根据这一需求"对症下药"，显然是推销成功最为快速的方法。但很多人可能会走入一个误区，以为所谓考虑对方的需求，便是舍弃自我，曲意逢迎，将自己塑造成为一个"人人喜欢"的人。这实际上是非常错误的一种推销方式，我的同学史坦利便是一个反面教材。

我们在私下里都称他为"圆滑的史坦利"，他是一个怎样的人呢？当你举行婚礼的时候，或许会看到一个戴着太阳眼镜，四处和人碰杯，并让摄影师拍下照片的人，他就是"圆滑的史坦利"。当你将婚礼上与他碰杯的照片拿给朋友看的时候，大概会听到他们惊讶地问："天哪，你怎么会认识这个骗子？"这个时候，你也只能无奈地耸耸肩了。

是的，这就是史坦利，一个似乎能和任何人交往，却得不到任何人喜欢的"圆滑的史坦利"。

在学生时代，史坦利总被认为是非常聪明的人，因为他的论文总是能得"A"，对于分数，他是极其重视的，正如他也非常重视朋友一样。史坦利对朋友的重视主要是因为他渴望自己成为人群之中最受欢迎的人，所以他会使用一些"技巧"来实现这一目的。

当你和他交往的时候，你会发现，如果你是民主党，那么他显然也是民主党；而当你成为共和党，他必定也会成为共和党；如果你是个法西斯党——愿上帝保佑！总之，最后的结果是，根本没有人真正知道，他究竟忠于哪一个党派。

他还是个极其慷慨、喜欢向别人表示友好和仁慈的人，我常常看到他赠送朋友东西，比如电影票、洋酒等等，如果可以的话，或许他会很愿意拿出钱来，让别人当众喊一声："看，这是我最好的朋友史坦利！"

这就是史坦利，一个为了**推销自己**，为了让别人喜欢自己，任何事情都干得出来的"圆滑的史坦利"。但显然，他最终并没有得到自己想要的结果，一个失去了自我，用虚伪和谎言来与人打交道的人，又怎么可能真的赢得别人的喜欢呢？这就好比一件伪劣商品，即使包装得再完美，也有暴露其短的一天。一旦别人发现，这件"商品"实际上根本名不副实，又有谁会愿意再对它投注信任与支持呢？

无论是推销商品，还是推销自己，都要建立在诚信之上。一副假面具，无论多么漂亮，多么完美，也总会有脱下的一天。最终别人眼中看到的，还是你面具背后的真实面容。

可能有人会开始疑惑了，既不能成为像"圆滑的史坦利"这样的人，又要考虑对方的需求"对症下药"，那么，我们究竟应该怎样做呢？

首先，我们要明白，一件受消费者欢迎的商品，好质量是最基本的条件。一件商品如果质量不好，那么无论它具有多么吸引人的噱头，或者多么强大的功能，都不可能受到消费者的欢迎。人也一样，一个人，如果自己没有优点，没有才能，那么无论如何也不可能得到别人的欣赏和肯定。正所谓"打铁全靠本身硬"，自己首先要具有真材实料，才有可能成为一件人人喜爱的"商品"。

其次，我们要明白，当人们选择购买一件商品的时候，往往是因为他们需要这件商品的使用价值。试想，如果一件商品，质量好、功能棒，但它所有的功能可能是我们一辈子都用不到的，谁又会愿意掏钱去购买它呢？人也一样，一个人具有再多的优点，再强的能力，如果这些都是我们不需要也根本不重视的，那么这个人对于我们而言，就是一个可有可无、丝毫没有吸引力的人。

所以，在向人推销自己的时候，我们必须要做到知己知彼。了解自己的特点，挖掘自己的潜力，同时要了解对方的需求，清楚对方的喜好，如此一来，才能对症下药，根据对方的兴趣点来着重展示自己的优点，让对方对你产生兴趣，从而成功激发起对方对你这件"商品"的"购买欲"。

在社会中，我们每个人都是商品，同时又都是推销员。作为商品，我们要有真材实料，这就是我们推销自己的强大资本；而作为推销员，我们要善于观察，了解人性，并懂得根据不同的情况来展现自己不同的一面，从而抓住机遇，创造成功的机会。

◎ 自信是成功的第一秘诀

自信是成功的第一秘诀，缺乏自信常常是一个人性格软弱和不能成功的主要原因。

想要成功，首先要做到的就是让别人认识自己，如果连让别人认识你都做不到，那么好机会也不会降临到你头上。成功地推销自己，让别人在有需要的时候第一个就想到你，那么机会自然会随之而来，成功也就成了水到渠成的事情。

每个人都是独立的个体，没有哪两个人是完全相同的。别人成功的方面你做得并不成功也不代表你就低人一等。一个事业有成的丈夫就一定比一个操持家务、把整个家打理得井井有条的妻子更加成功吗？当然不是，妻子把家里的问题处理好，丈夫才能无后顾之忧地在外面拼搏，所以妻子在家中的努力一样是具有价值的，万万不能仅仅根据社会上所谓成功的标准来评价自己，这样只会让自己失去自信。

几年前，我的一位女学员曾跟我交谈，说她的丈夫是一位野心勃勃的律师，做事永远都在追求进取，甚至到了独断专行的地步。她丈夫的朋友也都是类似的所谓上流人士，他们总是以一个人的经济收入和社会地位来衡量他的价值。

这位女学员随丈夫出入这类社交场合，渐渐产生了一种自卑感。她觉得身边的每一个人都比自己更出色，也更有成就，她感到别人都在轻视自己，连她自己也对自己产生了怀疑。

这位女学员的苦恼就在于她不懂得自己主动来爱自己，而希望通过别人的认可来间接地对自我产生认同。其实，如果她能够不去羡慕别人，而去欣赏自己的优点和才华，那么她自然而然就会拥有自信的魅力。要知道，每个人都有自己独一无二的特质和优点，只有自己首先欣赏和接纳自己，才能在面对别人时展现出自己最好的一面。

在我们周围，像这样因为别人而产生自我怀疑甚至自我厌恶的人很多。要摆脱这种心态，首先要做的就是抛弃别人的衡量标准，因为别人的价值观决定不了你的价值。每个人都应该学会建立自己的价值体系，并用这一价值体系而不是别人的眼光来积极地评价自己。

有些人不自信与性格有关。这种人内向、胆怯，与人交流的时候容易害羞。这种人连参加正常的社交活动时都像隐形人一样没有什么存在感，那么如何才能让这样的人建立起自信呢？适当的想象可以帮助其摆脱这种困境。

当你总是无法自在地面对别人时，不妨在心里偷偷地将对方想象成欠你钱的人，他在你面前是为了请求你能宽限一些时间让他可以筹集足够的钱还给你。这样的心态对于你表现出自信一定会有很大的帮助。如果你对这种方法充满怀疑，那么不妨找几个上过我的课的学员聊聊，我相信，用不了多长时间，他们就可以让你的疑虑一扫而光。

如果你依然感到怀疑，那么，不妨来听听这位被视为勇气的象征的美国总统罗斯福是怎样说的。

罗斯福曾经非常胆小、敏感，并且容易紧张，但是经过各种训练提升自信之后，他成了那个可以与任何人顺畅地交流，并能紧紧抓住对方注意力的美国总统。

在罗斯福的自传里，他这样写道："我小时候身体非常瘦弱，总是病快快的，而且行动也总是很笨拙，因此在我年轻的时候，我对于自己一直非常没有自信，很容易就感到紧张和尴尬。为此，我不得不对自己进行艰苦的改造和训练，不只是对于我的身体，还有我的心理和感情……

"在我还是孩子的时候，我在马里埃特的书里读到过一段话，这段话深深地留在了我的心里，并对我产生了巨大的影响。

"这段话是一位英国军舰的舰长向书中的主人公阐述怎样才能表现出勇气和无所畏惧时所说的，他说：'刚开始的时候，每个人准备做出什么行动之前都会感到恐惧。但我们应该学会控制自己的感情，让自己首先表现出勇敢的样子，然后只要将这种样子保持下去，那么最开始的假装也就会成为事实。一个人凭着无所畏惧的表现，也就会逐渐获得真正无所畏惧的强大内心。'

"我就根据这位舰长所说的话开始训练起了自己。最开始，让我感到恐惧的东西太多了，从灰熊到野马，还有那些看起来凶恶的人。可是我学会了故意让自己做出根本不在乎的样子，久而久之，我发现我竟然真的不害怕了。无论是谁，只要愿意这样做，一定也能够做到。"

自我催眠是摆脱不自信的困境的好办法，因为不管去做什么，最难的就是刚开始。如果你告诉自己你不恐惧，你很自信，那么当你开始触碰那些你一直害怕着的事情的时候，你就会发现其实它并没有想象中那么难。几次的成功就会让你心里的落差慢慢变小，让你慢慢成为一个无所畏惧的人。

但是自信不等于自负、自傲，自负与自傲是会给人留下深刻的印象，但是这并不是好的印象，而是负面的，会让人想要远离你。哪怕你的价值确实极高，喋喋不休地吹嘘自己也是会惹人生厌的。

理查德·瓦格纳是德国著名作曲家，他才华横溢，在歌剧上的成就尤为突出，是德国歌剧史上举足轻重的人物。他的影响力之大，令人惊叹。在他去世的时候，火车运送他的尸体回到他的故乡，沿途的每个车站都有大量的人为他送行，他的故乡家家户户都挂上了表示哀悼的黑旗。

就是这样一个有才华、有名气的人物，在世的时候却十分让人讨厌。因为他非常自负，觉得自己是全世界最重要的人物。号称自己集莎士比亚、贝多芬、柏拉图三人于一身。他非常健谈，但是谈话的内容永远是他自己，以至于每个跟他在晚宴上共度时光的人都觉得他十分讨厌。而且他容不得任何质疑与反驳，如果有人提出一点儿异议，他就会大发雷霆，然后说上几个小时来证明自己是正确的。

自信是美好的，但是自负是可怕的。它与你的样貌，与你的能力、你的财富并没有太大的关系。自信的人哪怕是容貌不尽如人意，能力也不突出，财富也无法与人相比，但是还是会闪烁着魅力的光芒，让人觉得十分可靠。而自负的人哪怕是样貌再出众，能力再强，也只会在死后被人哀悼，活着的时候人人都会敬而远之。

日本有一句古语："每个人都有三个优点。"没有人是一无是处的，所以收起不必要的自卑，挺起你的胸膛，勇敢地自信起来。没有自信去尝试，则永远不能迈出通往成功的第一步。没有自信去尝试，你与他人之间永远有着一条无法逾越的鸿沟。没有自信去尝试，你永远都不知道这个世界到底有多么美好。没有自信去尝试，你永远都不会知道你自以为做不到的事情其实很简单。

自信是打开成功之门的钥匙，是成功的开始。相信自信的力量，告别过去的自己，翻开成功的新篇章吧。

◎ 友善是永远的前提

世界上最强大的力量并非坚船利炮，而是一颗友善的心。外在的力量能够使人在表面上屈服，却永远无法震撼人的心灵。

数学上说，两点之间，直线最短。但两颗心之间的距离，直线却未必最短。在日常生活中，我们常常不可避免地会遇到一些令人不快的误会，有的人可能会因此便对他人恶语相向，甚至最后动起手来；有的人却能"四两拨千斤"，心平气和地用一个微笑或几句温暖的话语，来化解一场尴尬的争吵。

我有一个学员，名叫迪恩·艾德伍德，是宾夕法尼亚州匹兹堡市电力公司的一个部门主管，他曾经在课堂上分享了自己亲身经历的一件事情。

一次，艾德伍德属下的两名员工被分派去修理一根电线杆上的某个部件。这类工作原本是由另外一个部门负责的，但不久前因为工作调派的关系，归入了艾德伍德的部门。

这两名员工虽然在这方面受到过系统的训练，但进行实际作业还是第一次，因此，公司上下都想到现场看看他们是否能够顺利完成工作。于是，艾德伍德以及下属的几个组长和公司其他部门的一些人便一起去看这两位员工的工作情况。

就在作业进行到一半的时候，艾德伍德无意中看到一个年轻人拿着相机走下汽车，拍下了当时的场景。艾德伍德一怔，突然意识到，在这位拍照的年轻人看来，十几个人围在下面看两个人工作，恐怕是一件非常不适宜的事情——这显得公司的效率非常低而且人员冗杂。艾德伍德所在的电力公司非常在乎公司的声誉，他意识到，如果这种错误的印象被传播出去，那么一定会对公司产生负面的影响。

艾德伍德赶紧走到这位年轻人面前，问道："您似乎对我们的工作非常感兴趣？"

"的确如此，"这位年轻人回答道，"不过我猜我母亲会更感兴趣，她买过你们公司的股票，但我想这张照片也许会让她改变自己的判断，认为买你们公司的股票并不是一项很好的投资。这些年来，我一直都在告诉她你们这种公司中存在的浪费太多了，我很高兴能证明自己的观点没有错，而且我猜想报纸也许也会同意我的观点。"

艾德伍德意识到了问题的严重性，但是他并没有气急败坏，而是和善地回答："在你看来的确是如此，不是吗？我想如果我是你，突然看到这样的场景也许也会有同样的顾虑。但事实上这只是一次特殊情况……"

艾德伍德耐心地向这个年轻人解释了这是他们部门第一次处理这样的问题，因而所有人都很关心将这样的任务委派给他的部门究竟是不是一个正确的决定。他还一再向那位年轻人保证，这样的任务正常只需要两个人就完全可以完成了。

最终，那位年轻人收起了自己的相机和艾德伍德握手道别，并且对他耐心的讲解表达了感谢。

此次事件一直让艾德伍德深有触动，他友善的态度让公司避免了很多误会和非议。

我们不妨试想一下，如果艾德伍德面对对方大吼大叫，像那些不懂得谈话艺术的人一样，使劲地将自己因被误会而产生的不满宣泄出来，那么他会得到怎样的结果呢？恐怕对方不仅会认定他们公司存在浪费行为，并且会加上很多个人的厌恶情绪来向其他人描述艾德伍德的公司。这样一来，丑闻只能越弄越大。

在我们的生活中，很多的冲突和恶性事件实际上都是由于误会引起的，如果双方能够心平气和地进行沟通，将猜忌和怀疑化解，那么一场争执自然也就避免了。所谓伸手不打笑脸人，不论我们之间究竟有怎样的误会和过节，只要你找我的时候，用友善的态度对我说："让我们坐下来一起商量商量，如果我们之间的意见有分歧，我们不妨一起寻找原因，看看症结究竟在哪里。"那么我相信，无论如何，我都不会拒绝你的好意。

而一旦我们拥有了坐下来互相倾谈的机会和时间，那么我就能通过和你的谈话找到彼此的相同点，尽可能地忽视那些争议，向着求同存异的方向努力。换句话说，如果你能忍耐，将自己的诚意融入其中，那么对方也会给你相应的回应，你们之间的分歧就容易解决了。

威尔逊总统曾这样说过："如果你握紧了两个拳头来找我，我敢保证我的拳头会握得比你更紧。"这句话我非常赞同。

人生中很多事情就是如此，当你用强硬的手段迫使别人和你交流时，你所得到的，很可能是对方同样强硬的反抗，但如果你代之以友善，对方往往也会报以怀有善意的态度，甚至可能主动与你站在同一阵线。

鲍勃·胡佛是著名的飞行员，进行过无数次精彩的飞行表演。

有一次，他要在圣地亚哥的航空展中进行一次表演，这是一次非常惊险的演出，因为在他飞到距地面九十多米的高度时，他所驾驶的飞机的引擎突然熄火了！这是危及生命的事故，好在胡佛驾驶技术纯熟，所以最终他平安降落，但飞机严重损毁，造成了很大的经济损失。

这次意外并非不可避免，问题就出在他的飞机保养机械师身上。降落之后，经验丰富的胡佛马上意识到问题可能出在燃料上，于是他检查了飞机的燃料。果不其然，这架本需要汽油为燃料的螺旋桨飞机的油箱中竟然装着喷气机燃油！

当胡佛见到负责保养他的飞机的机械师后，机械师显然已经知道了自己的错误，他非常惶恐，因为他的失误造成了无法弥补的巨大损失，如果不是胡佛技术过硬，很可能会伤及生命。这名机械师做好了迎接狂风暴雨般指责的准备，但是胡佛没有这样做，他选择了另一种方式——胡佛搂住了面前这个险些害自己丢掉性命的机械师的肩膀，并告诉他，他需要这名机械师继续为他的飞机服务。

对于胡佛这个决定，或许大多数人都会惊呼："天哪，他疯了吧！那个人差点儿要了他的命！"

但事实是，在这件事情之后，这位机械师再也没有出过任何错误，始终一丝不苟地为胡佛服务着。

试想，如果胡佛死里逃生之后，狠狠地责备了机械师，追究了他的责任并将他解雇，那么会发生什么呢？这名机械师很可能再也无法继续从事这一行业，他的前途将会一片黑暗。而胡佛呢，除了失去一名机械师以外，什么都得不到。

胡佛以极其宽容的态度原谅了这名机械师，并且给予了他友善的鼓励而非责备。也正是胡佛这样的态度，使得机械师深刻明白了自己的错误，从此真心改过，一心一意为胡佛服务，最终成了他最值得信赖的人。而这，正是友善的奇妙力量。

心与心之间最近的距离，正是友善所搭建的桥梁。无论面对任何人、任何事，友善往往都能够发挥出超乎你想象的作用，因此，在与人交往的过程中，我希望你们能记住，将友善作为永远的前提。

13

◎ 赢得信任才能赢得成功

当你值得信任的时候，你才可能赢得信任。当你赢得信任的时候，你才可能接近成功。

信任是人与人之间进行友好交往的第一步，当我们无法信任一个人的时候，无论对方表现得多么殷勤，恐怕我们也不会有和他深交的打算。同样，如果我们希望和别人成为朋友，并受到他们的欢迎，那就必须先赢取对方的信任。

很多人觉得，想要取得别人信任并不是一件容易的事情。确实如此，但这并不意味着不可能做到，关键在于你是否肯为此而付出努力。

林肯在他传奇的竞选道路上曾遭遇了常人难以想象的提防和偏见，我相信我们大多数人在生活中遇到的非议决不会比林肯更多。但最终，林肯却能够化敌为友，争取到他人的信任。既然林肯能够做到，我们又为何不能呢？重要的是，我们是否能够像林肯那样，付出足够多的努力，来赢得他人的信任。

1858年，当林肯竞选美国上议院议员的时候，他需要在伊利诺伊州南部的一些地方进行演说以争取当地民众的支持。但是要完成这个目标非常困难，因为这些地方的人对林肯都怀着强烈的敌意。

林肯是一个坚定的废奴主义的拥护者，而这些地方的农场主拥有大量的黑奴，他们的生产和生活都依靠这些劳动力，因此他们非常反对林肯当选。

在这种情况下，双方的利益冲突是十分尖锐的，有些农场主甚至扬言，只要林肯敢踏上他们的土地，他们就会一枪将林肯打死——这些野蛮的当地人即使在公共场所也总是随身带着短枪和刀具。

面临这样敌对的气氛和巨大的危险，我们可以想象林肯想要取得他们的信任要面临多大的挑战，要有多大的决心。然而林肯并没有让这些威胁阻止自己前进的步伐，他说："给我一点儿时间，让我来说服他们。"

在开始演说之前，林肯先与当地几位重要的领导一一友好握手，然后向民众发表了自己的演讲，他说道：

"伊利诺伊的朋友们、肯塔基的朋友们、密苏里的朋友们，在我来这里之前曾经听过一个谣言，说你们之间的某些人要和我作对——我想如果这是真的的话，那么这些人一定就坐在下面吧？但我不相信这是真的，我相信你们没有理由这么做；因为我也像你们一样，是从艰苦的农村中艰难地走出来的，我是一个爽快而直率的平民。那么，我为什么不能和你们一样发表自己的意见呢？

"朋友们，我了解你们比你们了解我要多得多，你们将来会知道，我是怎么样的一个人。我并不想跟你们作对，所以，你们也绝不会想跟我作对的。

"现在，我站在这里，我们就已经成了朋友。我相信你们会愿意交我这个朋友的，因为我是一个谦和的人。我诚恳地请求你们给我说几句话的时间。你们这些勇敢而豪爽的人，一定不会拒绝我这个朋友的这个小小要求。那么现在，就让我们开诚布公地讨论一下严肃的问题吧！"

林肯敢于站上演讲台的勇气，以及这番真挚诚恳的开场白让众人深感震惊，甚至那些原本表现得愤怒而不耐烦的人也纷纷开始为他鼓掌。最后，这些原本一直对他怒目而视的人成了他的朋友，他们始终信任着他。甚至可以说，林肯最终能够成为美国总统，这些他原本的敌人是功不可没的。

在演讲之初，林肯就意识到了他们的敌意，但他没有因此而退缩，反而勇敢地站在了他们面前，极力向这些人说明他和他们之间没有不可逾越的鸿沟，说明他和他们是朋友。幸运的是他做到了这一点。要知道，信任并不是一开始就有的，它需要人们努力去建立。

信任是人与人交往的基本前提。如果没有信任，即使人们在互相谈话，也称不上是真正的沟通。不信任会导致莫名其妙的猜想。对方会对你所说的东西产生疑问，即使你明白无误地表达出来，他仍然会生出不同的理解。

记得有一次，我受到一家公司的委托，请我的一位学者朋友出面，帮助这家公司解决一些难题。

一开始，事情进行得非常顺利。但就在双方即将开始正式合作的前几天，这家公司的负责人突然给我打来电话，说不知道为什么，我的这位朋友不愿意再和他们合作了。公司方面用了他们能想到的一切方式进行劝说，如他们答应推迟上岗时间、减少工作强度、增加工资等等，但是这位学者朋友始终不肯接受。

我感到非常奇怪，于是决定亲自去见见这位朋友，好弄清楚究竟是什么原因，让他改变了自己的初衷。

第二天，我和公司的负责人一起去拜访这位朋友。他对我非常热情，和我聊了很多，但一直没有讲拒绝公司邀请的缘由。后来，我实在忍不住了，便直接问他："你为什么要拒绝这一邀约呢？"

朋友对我说了很多理由，其中一句话引起了我的重视，他说道："我非常担心这家公司是否能够真的履行我们之间的合同，同时也非常担心，与他们的合作会不会发生不愉快的事情。"

这句话让我意识到，就算继续劝说下去，恐怕也不会有什么作用，于是我便和公司负责人一起离开了。

在路上，我对那位负责人说："我不知道为什么他会对你们公司产生这种感觉，但是你们必须要做的事情是，让他对你们信任起来。在此之前，做任何工作都将无济于事。"

第二天，那家公司又给我打电话，告诉我那位朋友已经决定和他们合作了。原来在我们离开之后，那位负责人又回到了那位朋友家门口，并且拦了一辆出租车等待这位朋友，之后送他上飞机。

这种真诚的态度赢得了朋友的信任。另外，更重要的是，负责人还利用这段时间，向朋友说明他们愿意提前履行合同中规定的公司的义务，这使得朋友答应回来后立即上班。

在这件事情里，我这位学者朋友确实出尔反尔，明明答应的事情，却又中途变卦，或许有人会因此而指责他，但将心比心，当你对一个人，或是对一家公司产生不信任感的时候，你还会一门心思地向其靠拢吗？

我们身处一个非常复杂的社会中，每天都要面对各种各样真的、假的、真诚的、虚伪的事情，为了保全自己，我们不得不小心地加以甄别。人与人之间已经不再是单纯的相互合作的关系，而是加入了相互竞争、相互欺诈的成分。不信任感在人们的心里始终占据着一席之地，这也是一个非常客观的现实。

信任不是凭空降临的，我们不能指望一个陌生人从一开始就对我们抱持信任的态度。同样，我们也不可能毫无缘由地去信任一个陌生人。信任是需要一步步建立的，只有建立起足够的信任，人与人之间才可能有下一步的交往及合作。

无论如何，千万不要因为对方的不信任就放弃和他们交流的机会，要知道，信任并非天生存在的，而是你必须付出勇气和努力去争取的。只有赢得别人的信任，你才有可能获得别人的认可和支持，也才能更接近成功。

◎ 热忱是"推销"成功的重要因素

> 成功者与失败者在能力上的差别并不大，决定成败的关键点，往往就在于热忱。热忱的人总是有信心和勇气去克服困难，这或许正是热忱的魅力与感染力所在。

我并不是一个很好的演说家，那些"演说专家"信手拈来的辞藻我几乎都不会使用。但很多人都参加了我的课程，并对此表示非常喜欢。我记得曾经在一个非常寒冷的晚上，两千五百多名年轻男女坐在纽约市宾夕法尼亚体育馆大厅里，他们都是为了参加我所举办的课程而来。这些人中，很大一部分都经过了劳累的一天，却没有选择去喝杯啤酒，或是回家躺在沙发上，而是不辞辛劳地赶来参加我的课程。

此后的整整二十四年中，纽约市几乎每天都会开设这一课程，听过我演讲的人多达十五万，甚至一些非常保守的公司，比如威斯汀豪斯电气公司以及麦道公司等，也都派出了管理人员接受我的培训。显然，我已经成功地在众人面前将自己"推销"出去了。

曾经有很多人问过我，我能够取得如此大的成功，究竟有什么秘诀。确实，我不是最优秀的演说家，我也并没有令人叹为观止的演说技巧，如果非要说秘诀的话，我想是因为我拥有一颗热忱的心。我对我的工作充满了热忱，我对我的生活充满了热忱，我的每一场演说同样都充满了热忱。而正是这种热忱，感染了数以万计的听众和学员，正是这种热忱，牢牢抓住了他们的耳朵和他们的心，让他们能够从头到尾全神贯注地聆听我的演说。

我在这里所说的热忱，是一种内在的精神力量，一种深入内心的东西。当我们由衷地对某个人或某件事情产生热爱的时候，我们会兴奋不已，我们的眼睛、大脑，甚至灵魂都会散发出让人震慑的激情，这种激情足以感染别人，鼓舞别人，而这正是我所说的热忱。

热忱来自对工作的热爱，来自面对工作时享受的心态。那些怀着热情，以享受的心态来面对工作的人，无论从事什么样的工作、面临多大的困难、需要付出多么艰辛的努力，他们始终坚信自己所做的是一件有价值的事情，并且可以坚持不懈地进行下去。只要抱着这种态度，任何人都可以获得成功。

以享受的态度对待工作，就如同艺术家创造杰作，只有全身心地投入其中，并从中获得快乐，才能实现自己的追求和抱负。享受工作的人在面对工作时可以爆发出不竭的力量。

威廉·波尔是美国名校耶鲁大学的著名教授，他在著作《工作的乐趣》中这样写道：

"在我看来，教学的乐趣凌驾于其他一切职业之上。而所谓热忱就是这一回事。我热爱讲课，就像是画家享受绘画的过程，歌手陶醉于歌唱，诗人沉迷于写诗一样。甚至我每天早上一睁开眼睛，就兴奋地想到学校会发生的事。人之所以能在短暂的人生里抵达成功的顶峰，就在于以这样享受的心态来对待自己的工作。"

每个企业都喜欢雇用对工作怀有热情的员工。亨利·福特就曾宣称："我乐于和那些享受工作的人共事。因为他们在工作中表现出的热忱，会使顾客受到感染，生意也就自然谈成了。"而十分钟便利店的创办人查尔斯·华沃思也说："那些在找工作时不断碰壁的人一定是对工作缺乏激情的人。"

对工作缺乏热忱才是一个人成功路上最大的阻碍，那些把工作看成苦役的人每天不过是在勉强混日子罢了，根本不会赢来他们幻想中的"出头之日"。

我认识很多公司的高管，他们对于能够胜任工作的人才始终保持着求贤若渴之心。这些被渴求的人才，并不一定是拥有多么独特的业务技巧，而更多的是保持着谨慎、热忱和责任心。那些被解雇的员工，大多数不是因为他们一次的过错，而是因为他们在面对工作时表现出来的冷淡、粗心和懒惰等态度。他们不知道，其实只要改变自己对工作的态度，点燃自己对工作的激情，他们将会获得怎样巨大的成功机遇。

人们曾采访著名指挥家鲍勃·克劳斯贝的儿子，在被问及父亲和叔叔的工作状态时，少年毫不犹豫地回答："他们每天都在快乐地工作着。"

记者又问他："那你对未来的梦想是什么呢？"

少年立即回答："当然也是快乐地工作。"

任何人，只有学会享受自己的工作，才可能取得令人仰望的成功。我们应该时时刻刻告诫自己，永远不要将你的工作当成苦役，而是要学会去享受它的每一个部分。当我们能够带着激情和热忱去享受工作的时候，我们的事业才可能有飞黄腾达的一天。

热忱是一种力量，一种发自内心的对生命的热爱。一个热爱生命的人，必然会热爱他的生活，也必然会对生活中的一切都充满热忱。维也纳著名的心理学家阿尔弗雷德·阿德勒写过一本书，名叫《生活的意义》，其中一句话是这么说的："不关心别人的人在生活中遇到的困难最大，给别人造成的伤害也最大，正是这种人导致了人类的种种失败。"

这句话一度给我带来了很深的影响，人与人之间最让人感到伤痛的，不是敌对和仇恨，而是漠视。一个不关心他人的人，必定是一个对生命缺少热忱的人，这样的人拥有一颗冷漠的心，永远也不可能获得别人的尊重和喜欢。反之，一个关心他人、热爱生活的人，必定拥有着如同阳光般温暖耀眼的灵魂，像这样的人，人们怎么可能不热爱他呢？

西奥多·罗斯福总统一直深受美国人民的爱戴，即使在家中，他的仆人们也非常热爱他。有一次，塔夫脱总统夫妇外出的时候，罗斯福正巧到白宫拜访。他没有前往接待室，也没有在客厅等候，而是径直走向了厨房。在厨房里，罗斯福热情洋溢地向每个人打招呼："嘿，杰克，最近胃口怎么样？我想你依然还是离不开酒瓶吧，什么时候喝一杯呢？""桃瑞丝，最近事情很多吧？"

他就这样和每一个人都热情地打了招呼，就好像面对多年不见的老朋友一般。人们对此并不感到奇怪，因为事实上罗斯福几乎面对每个人都是如此友好而热情的。后来，一位曾在白宫服务了三十年的老厨师谈起罗斯福总统的时候，含着热泪说道："罗斯福总统总是这样热情，对周围的人都充满了关怀，这样一个人，怎么可能不让人感动呢？"

罗斯福总统就是这样一个平易近人，且对周围的人和事都充满了热情和关怀的人，这样一个总统，又怎么可能不受到美国人民的爱戴呢？没有任何人是毫无缘由便能得到众人的喜爱和尊重的。

我常常会听到有人抱怨周围的人太过冷漠，难以相处，每当这个时候，我都会问他们："那么在面对这些冷漠的人的时候，你又是否对他们表示过热情和关怀呢？"其实，人与人之间的相处就好像照镜子一样，当你以一副冷漠的脸孔去面对他人的时候，你从"镜子"中所看到的，同样会是一张冷漠的脸孔。但如果你以热忱的笑容和温暖的关怀去面对他人的时候，你必定能从"镜子"中收获同样的热情和关怀。

努力去做一个充满热忱的人吧！热忱是一股源自内心的力量，是灵魂神圣炙热的光辉，同时也是自我"推销"取得成功的关键因素。

◎ 良好的第一印象是"登堂入室"的门票

第一印象往往是非常强烈而鲜明的，并且会成为两个人正式交往的重要背景。

当我们初次见到一个人的时候，往往会在心里给对方下一些判断，比如"这个人很不友善""这个人似乎不好相处""这个人性格懦弱"等等。得出这个结论的时间往往非常短暂，而根据则主要是将对方的衣着打扮、行为举止等与自己的过往经验相对比，从而产生直观的印象。事实上这种印象并不准确，我们很难通过短暂的接触就给一个人下定义，但令人无奈的是，这种不准确的印象，往往会在很长一段时间内，影响我们对这个人的看法，这就是我们所说的"第一印象"。

美国心理学家在一篇对"第一印象"的研究报告中指出：人们在初次会面之后，会在心里对对方有一个初步印象，而这一印象往往与其今后所形成的印象是一致的。

由此可见，第一印象对于两个人建立交往关系来说是至关重要的，当第一印象形成之后，在人际交往的很长一段时间里，几乎都是难以更改的。

安娜·摩根或许是我认识的女人中最不修边幅的。她很高很瘦，喜欢穿宽大的衣服，头发永远都没办法弄整齐，但她是个非常厉害的电脑工程师。

从我见到安娜的第一天开始，我就一直认为她是个马虎而懒惰的人，我从不敢轻易拜托她帮我做任何事情，因为我的内心总有一种感觉，觉得如果我将事情交给她，那么必定会发生我永远无法预测的意外。

我对安娜的这一印象一直持续到我们认识大概一年以后，随着对彼此了解的深入，我惊奇地发现，安娜竟是和我想象中完全不一样的人。她工作认真负责，对朋友交托的事情更是一丝不苟，有时候甚至认真严谨到让我感到不可思议的地步。

不久之前，安娜·摩根参加了一场升职面试，说实话，在我看来，她辉煌的履历足以令她担任任何一个职务。但最终她的面试失败了，她怒气冲冲地告诉我，当她坐到面试官的面前时，甚至还没有开口说话，就遭到了拒绝，面试官语气强硬地对她说："很抱歉，女士，我们公司绝对不需要一个工作态度不严谨的人成为管理阶层人员。"

我为安娜·摩根的面试感到非常抱歉，同时也为她感到委屈以及惋惜。但说实话，虽然面试官的决定实在太过武断，可看着安娜·摩根宽大的衣服和乱糟糟的头发，我想或许我很能理解面试官的决定。

就像此前说的，第一印象或许在很多时候都是非常不准确的，但悲哀的是，人们对待某个人或某件事的态度及看法，往往都会深受第一印象的影响。如果安娜·摩根在面试之前肯稍微花点儿时间，将自己打理得焕然一新，或许此刻，她已经喝着香槟，庆祝自己获得这一职位了。

依靠第一印象就对一个人做出判断显然是有失偏颇的，但其实仔细想想，却也不无道理。无论是在工作还是在生活中，我们都会遇到许许多多的人，在很多时候，我们根本没有多余的时间去对一个人进行深入了解，只能够凭借瞬间的观察来对他进行粗略评估，从中筛选出或许值得我们深入交往的人。

同样，我们在选择的同时，别人实际上也在选择我们。只有经营好自己留给别人的第一印象，我们才可能在大浪淘沙之中脱颖而出，获得登堂入室的机会。

要塑造良好的第一印象，最直观也最具影响力的，就是保持良好的仪表。

保持良好的仪表不等于浓妆艳抹或穿着昂贵的名牌衣服，而是应该从最简单的事情开始做起——保持良好的个人卫生。一个穿着干净廉价衣服的人要比一个穿着昂贵名牌衣服却不注重卫生的人可爱得多。

要保持良好的个人卫生，最简单而直接的方法就是经常洗澡，这既是保证良好仪表的基础，同时也对身体健康有着莫大的好处。此外，对头发、手、牙齿的护理也都要细致周到，没人希望在握手的时候看到伸过来的手留着长长的黑指甲——而一把指甲刀就能避免这样的尴尬。

在护理牙齿方面，人们常常犯更多的错误。我经常看到一些年轻人，衣着华贵，头发一丝不乱，一笑却露出黑牙，甚至是缺了一两颗门牙，且呼吸中的气味更是让人对与他们谈话都失去了兴趣。这样的情形，怎么能给人留下一个良好的印象呢？没有哪个老板会愿意要一个缺了门牙的接待员或秘书，许多应聘者因为牙齿的问题而与理想的工作失之交臂。

在穿衣方面，我要奉劝各位一句："与其套上昂贵的衣服，不如寻找适合的衣服。"昂贵的东西不一定适合你，但适合你的东西对你来说，就一定是最好的。那么，究竟什么才叫适合的衣服呢？简单来说，就是要得体大方，适合自己的工作场合。如果你是健身教练，昂贵的西装显然并不适合你；而如果你从事推销工作，那么再大牌的休闲装，也比不上一套干净、合身的正装。

不必为一套廉价的衣服害羞，穿一件符合你身份、职业的旧外套远比穿一件不恰当的新衣服更能留给别人好的印象。要知道，让人产生厌恶感的，永远不是衣服的价格，而是你是否邋遢。只要你能保持清洁、整齐、合乎场合身份需要，不论多便宜的衣服，你都可以展现出得体的仪表。

对于大多数公司而言，但凡是衣冠不整前来面试的人，他们都不会考虑雇用。我的一位朋友，一家零售超市人力资源部的主管曾告诉我说："我们在招聘的时候，有一个非常重要的原则——如果应聘者的仪表经不起考验，那么我们就不会费心去考验他的内在。"

事实上，美国总统林肯也是同意这一观点的，他曾因为相貌问题而拒绝了一位才识过人的阁员。这位阁员是林肯的朋友特意向他推荐的，这位朋友得知林肯的拒绝原因后非常生气，严厉地对林肯说道："任何人都无法为自己天生的脸孔负责，你又怎么能够因为这件事情就将有识之人拒之门外呢！"

林肯却不以为然，只微笑着对朋友说道："任何一个人，一旦过了四十岁，就该开始为自己的脸孔负责了。"

确实，也许一个人的能力和他的外在没有直接关系，佢是对外在的全然忽视，代表的是这个人对自己的不自信和对他人的不尊重。而一个缺乏自信，且不尊重自己也不尊重别人的人，即便才高八斗，又能够在事业上取得多少成就呢？

《伦敦布商》杂志曾经发表过一个观点：那些越是注意个人仪表整洁得体的人，也越能仔细地对待工作。而个人生活中邋里邋遢的人，工作上也会表现出同样的邋遢和马虎。这实际上正是通过"第一印象"所衍生出的对一个人的判断。

在人与人的交往之中，良好的第一印象是"登堂入室"的门票，只有先紧握住这一门票，你才有机会向对方展示你优秀的才华。而要给对方留下良好的第一印象，就必须时时刻刻注重自己的仪容仪表和言行举止，并通过提高个人修养来提升个人形象，从而获得对方的好感与支持。

第二章 CHAPTER 2

人见人爱的要诀

你希望成为一个人见人爱的人吗？那么，请做好自己该做的事情，让人性的美好光辉自然地流淌，自然地闪耀，保留自己坚守的美好，一切都会好起来的。

◎ 不要吝啬你的微笑

微笑是人类共同的语言，想要受到别人的欢迎，就不要吝啬自己的微笑。

法国著名的思想家、文学家罗曼·罗兰曾说过："面部表情是多少世纪培养成功的语言，比起嘴里讲的，更复杂千百倍。"

在人际交往中，面部表情往往比语言更能传达信息，人们会根据你不同的面部表情来推测你的心理状态，并感知你的态度和所散发出的气场。比如你的表情非常严肃，嘴角下垂，对方或许会认为你是个不好相处的人，或者认为你此刻并不希望和别人进行交谈；而如果你面带微笑，对方则可能会认为你是个非常友好的人，并且非常愿意和别人进行进一步的了解和交往，等等。

前不久，我在纽约参加了一个聚会。在众多出席的名流中，有这样一位客人，她刚刚从过世的远亲那里继承了一大笔遗产，第一次来到了所谓上流社交圈的"名利场"。

她或许十分急于打入这个圈子，给人们留下深刻的印象，几乎将所有名贵的东西都堆在了自己身上。她穿着最昂贵的貂皮大衣，身上堆满了珍珠和宝石，迫不及待地向人们展示着她的服饰，但她忽视了非常重要的东西——表情。

她的下巴高高昂起，显得极其高傲，不可一世；她的嘴巴紧紧抿着，透着刻薄和自私。她就这样带着充满攻击性的表情游走在这些名流之中，事实上她确实给人们留下了深刻的印象，但这些印象显然并不是很好。她或许根本不明白，人们真正欣赏的，并非她身上华丽的珠宝首饰，而是那种发自内心的、充满热情友好的笑容。

微笑是一种社交场合的礼仪，同时也是一个人真诚的体现。尤其是在和陌生人交往时，一个微笑往往比一百句虚伪的问候更让人感到温暖。微笑是人类最动听的语言，是我们向别人表达友好以及抒发情感的一种方式。一个微笑就可以立即拉近陌生人之间的关系，一个微笑同样可以消除对手之间的隔阂。

有人说，真诚的微笑，其效用如同神奇的按钮，能立即接通他人友善的感情。因为它在告诉对方：我喜欢你，我愿意做你的朋友。同时也在说：我认为你也会喜欢我的。你可以不善言辞，但你绝不能不会微笑。

但在生活中，人们常常会犯这样的错误：宁愿用物质也不愿意用微笑来装点自己。尤其很多自诩高贵的人，甚至会担心，过多地对别人展示微笑，会让自己丧失权威和高贵感。事实上，在人类社会中，没有什么比一个和蔼的表情更加高贵。

我相信在这个世界上，即使最冷酷的人，也无法拒绝孩子的笑容。孩子们总是能够不设防地露出天真无邪的微笑，这样的微笑比任何的黄金钻石都能打动人心，当我们看到这样的笑容时，也会不知不觉地对他们回报以微笑。这显然是人际交往中的一种良性循环。

我曾为我的成人培训班的学员做过一场"微笑培训"，在培训结束后，我让他们分享了此次培训的心得，一位名叫比尔的先生为我们讲述了他的故事：

"我和太太已经结婚十八年了，或许是结婚的时间实在太长了，我也不记得从什么时候开始，我在家里很少露出笑容，和太太也难得说上几句话。

"在课堂上尝试了微笑训练后，我决定试着把笑容带到自己的生活中。一天早上，我起床吃早餐时，带着一脸友好的笑容对太太说：'亲爱的，早上好。'说实话，我可以想到，她一定会十分惊奇，但她的惊奇事实上远远超过了我的想象。她惊愕的表情我到现在都还能清晰地回忆起来，那表情似乎在告诉我，这句简单的话正是她一直以来所期盼的。

"就这样过了两个月，我的家庭气氛就和之前截然不同了。于是我决定，把微笑带入工作中，我充满了期待，我不知道这会给我的工作带来什么样的惊喜。

"我开始对工作中遇到的人露出微笑——无论是清洁工还是接待处的姑娘，包括交易所里那些陌生人。没多久我就发现，每一个见到我的人也都会向我露出微笑。

"后来有一天，公司里的一个小伙子突然跟我说，他刚刚进入这家公司时，曾以为我是个难以接近、脾气很坏的人，可是近几个月他发现，原来我也是个很好相处的人。

"正是因为微笑，如今的我已经成了一个跟过去完全不同的人了，不仅人们对我的评价改变了，我自己也觉得远比过去快乐和自信了。不仅如此，我还从中获得了合作和财富，我从来没有想到笑容竟能带给我这么多东西！"

是的，这就是微笑所蕴含的强大力量，很多时候，想要改变你的生活并不是一件困难的事情，或许你只是需要一个微笑。微笑不仅仅能带给人们视觉上的愉悦，更能传达一种情绪的状态。试想，如果你的面前站着两个陌生人，一个面带愉悦友好的微笑，另一个却愁眉苦脸，或面无表情，你会更愿意接近哪一个呢？

情绪就好像一种传染病，当我们和一个悲伤低落的人在一起时，情绪往往也会随之变得忧伤；而我们和一个义愤填膺的人在一起时，也会不知不觉变得愤怒激动；而若是和一个满面笑容的人在一起，那么很多时候我们也会不由自主地绽放微笑。如果非要选择一种生活状态，我相信，每个人都会去追逐快乐，而非痛苦或愤怒。因此，一个快乐而友好的人，必定会受到人们的欢迎。

我曾经问过一个心理学家朋友，一个人究竟要做什么，才能够成为人人都欢迎的家伙。我的心理学家朋友告诉我说："这非常简单，只要你每天都寻找微笑的理由就够了。当你找到的越多，你的微笑也就越多，你自然也就会越受人们欢迎。"

很多人都会有这样一个错误的观念，认为只有快乐的人才会露出微笑。但在这里，我想对你们说，快乐在更多时候只是一种选择，而不是一个从天而降的礼物。

记得有一次，我在纽约火车站的时候，看到一群拄着拐杖的残疾男孩，他们一步步艰难地登上火车站长长的楼梯，其中一个男孩甚至需要别人抱着他上楼。看到他们的那一瞬间，我的心中生出了一丝怜悯。但我猛然间发现，他们脸上的表情却没有丝毫悲苦，他们愉快地聊着天，甚至不断爆发出一阵阵的笑声。

后来，我走上前去和带领这些男孩的领队交谈，我非常想知道，这些可怜的孩子究竟是如何保持快乐的。领队对我说："没错，当一个孩子最初意识到自己将要面临终身残疾的命运时，他们的第一感觉往往是震惊和痛苦。但在这个阶段度过之后，他们通常会选择不再在意这件事情，而是像健全的人们一样享受和发现生活中的乐趣。"

我应该向这些男孩脱帽致敬，我必须这么做，因为他们给我上了人生中非常重要且难忘的一课。正是他们让我明白了，快乐是一种选择，无论你处于怎样的泥淖之中，只要你想，你愿意，你必定能够找到让自己微笑的理由。

微笑将两颗陌生的心用嘴角温柔的弧度连接起来，让我们不再是广大世界中小小的孤家寡人。微笑的力量是巨大的，它可以帮助我们缓解交往中的负面情绪，同时也能激发积极的情绪，让人际交往变得轻松快乐。如果你想成为一个受欢迎的人，如果你希望自己的人生变得精彩纷呈，只要记住一点：永远不要吝啬对别人展现你的微笑。

◎ 做一名优秀的倾听者

上帝给我们两只耳朵一张嘴，就是要我们学会倾听。专注地倾听本身就是一种不假言辞的赞美，它所能带给人们的满足与喜悦，绝非其他的物质馈赠所能相比。

我常常会思考一个问题：究竟什么样的人才是最受欢迎且最具有魅力的人呢？这样的人想必十分优秀，但我们又要如何在别人面前表现出自己的优秀，以便让别人喜欢我们、欢迎我们呢？是应该在众人面前做些令人感到惊奇的事情，还是应该以绝妙的口才向众人讲述自己的辉煌事迹？

事实上，我已经得到了答案，而这个答案或许会让你感到有些出乎意料——倾听，当你成为一个优秀的倾听者的时候，你便会成为那个最受欢迎且最具有魅力的人。

我之所以能够得出这样一个结论，还要从不久前的一场宴会上说起。

不久之前，我参加了纽约著名的出版家格力特所举行的宴会，并在宴会上遇到了一位著名的植物学家。之前我并没有见过这位植物学家，只听过他的名字，看过他的著作，我一直觉得他是个极其富有魅力的人，因此在见到他本人的时候，我非常高兴。

整场宴会中，我的注意力几乎都放在了这位植物学家身上。我安静地坐着，听他给我介绍大植物学家玻尔本以及室内花草等，他还告诉我许多关于廉价马铃薯的惊人事实。我自己拥有一个室内小花园，常常会遇到一些植物方面的问题，他极其热情地帮我解答了各种问题，并给了我许多有用的建议。

由于与这位植物学家的交流实在太令我感到高兴，以至于我违反了一般的宴会礼节——几乎没有注意到其他人的存在，只单独与他交谈了好几个小时。当然，在整个交流过程中，我几乎都处于"听众"的角色。

当宴会结束，我们互相道别的时候，这位植物学家转身对宴会的主人说道："卡耐基先生真是一个让人愉快的朋友。"紧接着他开始夸奖我在其他方面如何如何……总之，他最后说我是一个"最有魅力的谈话对象"。

这个评价实在令我感到讶异，我是一个"最有魅力的谈话对象"？天哪，在和他交谈的过程中，我几乎没说上几句话。事实上，就植物方面的话题来说，即便他让我说，我恐怕也无法说出什么令人印象深刻的话来，因为我对于植物学几乎可以说是全然无知。

这件事情一直萦绕在我的心头，我思索了很久，如果说在与这位植物学家的谈话中我有什么令人感到欣慰的表现的话，那只有一点：我做到了完全认真地倾听他所讲的每一句话。我确实非常专注，因为我对此十分感兴趣。显然，我的"魅力"正是来源于我对他所说的一切都在用心倾听。

伍德福德的著作《相爱的人》中有这样一句话："很少有人能拒绝那种隐藏在专注倾听中的恭维。"确实如此，专注地倾听是世界上最令人感到愉悦的赞美，比任何赞美之词都更令人欢喜。试想，在你的生活中，你是更喜欢和那些愿意并且喜欢听你说话的人交往，还是和那些总是侃侃而谈，根本不让你有说话机会的人交往？答案不言而喻。

每个人在内心深处都是极其骄傲的，我们都喜欢表达自己的观点，并且渴望得到别人的认可。而倾听，正是一种无声的认可与赞美，这个世界上没有任何东西能比耐心地倾听对方的意见更能获得他的好感了，当然，也没有任何事比驳斥对方的想法或打断对方的话语更令人恼怒。

在与他人交往的过程中，难免会遇到想法不同或产生误会的情况，很多朋友曾问过我，在这种情况下，我们是否还能赢得别人的喜欢，同时又成功说服对方听从我们的意见呢？当然可能，关键还是在于两个字：倾听。

但可惜的是，在生活中，大部分人遇到这样的情况，都会想方设法据理力争，试图以强硬的态度或以绝对的道理去说服对方，让对方服软。而事实证明，这样的方式很少能够解决问题，反而可能让最初的抱怨升级成为一场剧烈的争吵。

我的学员沃尔特有一次在纽瓦克市的一家百货商店里买了一套西装，回去之后却发现，这件深色的西装居然会掉色，把他的衬衫全都毁掉了。沃尔特非常生气，带着西装回到了那家商店，将情况告诉了售货员。但沃尔特的话还没说完，售货员就高声打断了他："先生，这款西装我们已经卖出好几千套了，您可是唯一一个对它不满意的啊！"

售货员的表现让沃尔特更加怒火中烧，因为他不仅直接打断了沃尔特的话，而且语气里还充满了攻击性，仿佛是在指责沃尔特说："我们的产品不可能有问题，你是个骗子才会来找麻烦，而我可不是好欺负的。"

事情变得越来越糟了，原本一直克制着怒火的沃尔特开始叫骂起来，而那个售货员自然也不甘示弱，双方越吵越激动。更火上浇油的是，另一个售货员听到他们的争吵之后，或许是急于为同伴辩解，高声说道："黑色的衣服会褪色也是正常的事情，以这套西装的价格你当然不能指望它多么好，这种颜料就是这样的。"

这话让沃尔特更加火冒三丈，他挽起袖子，眼看就要和售货员动起手来了。就在这个时候，听到争吵声的经理走了过来。

"先生，请问我有什么可以帮您的吗？"经理微笑着问沃尔特。

经理的话让沃尔特恢复了理智，但心里的怒火依然不减，他怒气冲冲地将情况从头到尾说了一遍。在此期间，经理没有插任何一句话，只是专注地倾听沃尔特的叙述，而当那两个售货员一度想要开腔打断沃尔特时，经理又及时制止了他们。

听完整件事情的经过后，两位售货员又将刚才的说辞拿了出来，让沃尔特感到惊讶的是，经理不仅没有推卸责任，反而责备了那两个售货员，并肯定地说道："显然，沃尔特先生的衬衫领子就是这件西服弄脏的。无论如何，我们的商品如果不能让顾客满意，那么它就不该在商店出售。但我确实不知道这件西服的毛病所在。沃尔特先生，您希望我如何处理这套西装造成的后果呢？我们一定会努力为您做到的。"

就在几分钟之前，沃尔特依然打定了主意要将这套西装退货，但此时，将心中的不快说出来，并且得到了经理的理解和支持之后，沃尔特的态度却突然软化了，他思索了片刻之后对经理说道："褪色的情况究竟是什么原因呢？是不是所有深色的新衣服都会出现呢？"

经理答道："我建议您再穿一个星期这件衣服，如果到时候仍有问题的话，我一定无条件地满足你的退换需求。对于给您添的麻烦，我们感到非常抱歉。"

就这样，之前怒不可遏的沃尔特先生满意地走出了这家商店。而这套西装在穿了一段时间后也停止了掉色的问题，一切矛盾都迎刃而解。

沃尔特在对我讲述这件事情的时候，无限感慨地说道："我毫不怀疑，那位员工为何能够当上销售部的经理。至于他所雇用的那两位售货员，恐怕他们永远都只能当个售货员，因为他们根本不懂得如何和顾客打交道。"

经理和售货员所面对的都是同一个问题，但双方不同的处理方式带来了截然不同的结果。在售货员看来，沃尔特先生的意见显然是没有道理的，他们急于辩解，试图以强硬的态度和道理来说服沃尔特先生，但很可惜，他们的做法让沃尔特先生感觉到自己不受尊重，从而滋生出了一股敌意。经理却不一样，他甚至没有开口去说服沃尔特，他只是给予了沃尔特诉说的时间，以及对他所提出的问题进行了肯定。

倾听是一种尊重，也是一种赞美，无论何时，如果你希望能够赢得对方的友善和谅解，那么就一定要记住，给予对方足够的说话机会，以及保持专注的倾听态度。无论你对他的观点是肯定还是否定，都绝对不要中途打断他。当你愿意给予对方足够的说话空间，并愿意站在他的角度去理解他的意见时，自然就能赢得他的喜欢，甚至不需要费尽唇舌，也可能让他欢喜地接受你的观点。一名优秀的倾听者，必然会是一名极受欢迎且极具魅力的谈话者。

◎ 谈论他人感兴趣的话题

一场愉快的谈话可以迅速消除两个人之间的隔阂，拉近彼此间的距离。而一场谈话是否愉快，显然在于所谈论的话题是否能够引起彼此的兴趣。

在人际交往的过程中，谈话往往是彼此交流的第一步，而谈话的结果也对此后的交往有着至关重要的影响。

很多人常常会把"谈话"与"说话"混为一谈，以为一个会"说话"的人，必定善于与别人进行谈话，这实际上是一种错误的认知。谈话是一个双方进行交流的过程，而愉快的谈话必定是一场有来有往的交流沟通，因此会"说话"的人不一定就会"谈话"。

我所认识的人中有许多会"说话"的人，他们口齿伶俐、妙语连珠，常常能够口若悬河地说个不停。但在很多时候，他们却并不是最受人们欢迎的谈话对象。要知道，一场愉快的谈话，重点并不在于你所说出的话多么有深度，或多么有建设性，而在于你所选择的话题，是否能够激起对方同样的热情。

鲍勃是我认识的人中最懂得"谈话"的人，他在一家电气公司做业务主管。

有一阵子，鲍勃去了宾夕法尼亚的一个小镇做农业考察，他发现这里的居民很多都不用电。于是他询问该区的业务代理员说："为什么这里的居民不用电呢？"

这位业务代理员十分不耐烦地回答道："这些家伙都是些吝啬的乡下人，不管什么事情，只要一听到需要花钱，他们就毫无兴趣了。我不知道尝试说服过他们多少次，结果却都是一样的。"

鲍勃听完之后却不同意这位代理员的观点，他认为，如果一件事情对于人们来说是有益的，那么人们就不会拒绝。于是，他决定亲自去试一试。

第二天，鲍勃带着那名代理员敲响了附近一个农家的门。门只打开了一条缝，一位老妇人将头探出来，用不信任的眼光看着鲍勃。当她的目光越过鲍勃，看到了站在鲍勃身后的代理员时，她连连摆手，不耐烦地说道：

"我不感兴趣，别再烦我了！"说完就要把门关上。

"嘿！夫人，我看到您养了一群优良的尼克鸡，不知道可不可以跟您买一打新鲜鸡蛋呢？"鲍勃突然爽朗地笑着说道。

老妇人顿了顿，目光中充满了惊讶和疑惑，她停止了关门的动作，问道："你怎么知道这些是尼克鸡？"

鲍勃笑着回答："我以前也养过尼克鸡，但是我从来没有见过这么好的尼克鸡！"

老妇人脸上的表情显然已经有所舒缓，她放下了防御，打开门走了出来。就在这时，鲍勃注意到了不远处的奶牛，随即又向那位老妇人笑道："夫人，我敢打赌，您从这些尼克鸡身上赚的钱一定比您丈夫用奶牛赚的要多。"

听到这话，老妇人心中顿时得意起来，态度也变得越发友好，并喋喋不休地开始向鲍勃讲述她的养鸡经验，甚至主动邀请鲍勃参观了她的鸡棚。鲍勃开始和她聊起养鸡的秘诀，并巧妙地将话题引到在鸡棚里装电灯的种种好处。

这场谈话结束后，鲍勃从老妇人那里买了一打鸡蛋，完全没有丝毫劝说她用电的意思。但几天之后，老妇人主动打电话找了鲍勃，并成了这家电气公司的客户。她最终接受了鲍勃此前的提议，在她心爱的鸡棚里装上了电灯。

谈话是一门技术，而鲍勃显然抓住了这门技术的精髓。在一般情况下，人们对推销员都有着非常强烈的防备意识，往往在还不了解推销员意图的情况下就可能表示拒绝，这其实是一种非常正常的心理反应。试想，一个完全陌生的人突然出现在你面前，并且要求你接纳他的建议，任何人都不可能毫无戒心地接受。

鲍勃完全没有这样做，他与这位夫人谈话的最终目的当然是希望她能使用自己公司的电，但他非常清楚，如果自己贸然提出，结局只会和当地的代理员一样，吃一顿闭门羹。因此，他隐藏了自己的意图，以一个对方会感兴趣的话题作为切入点，一步步将她引导到另一个话题上，控制了谈话的主动权，并最终让那位夫人欣然接受了他的推销。

要知道，在通常情况下，人们只会对自己感兴趣的东西投入热情，因此，当你试图与某人建立交往关系时，不妨先花点儿时间去了解对方的兴趣，并以此来引发出对方的热情，从而展开一场愉快而友好的谈话。我一直坚信，这个世界上没有无坚不摧的东西，人的防御心也一样，当你始终无法激发某个人的谈话热情时，或许应该反思，自己是否找到了对方的兴趣点。

纽约一家高级西点公司的经理杜鲁门先生所谈成的一桩生意恰如其分地为我们展示了"话题"的重要性。

杜鲁门先生曾一直希望能够与一家大饭店达成合作关系，让自己公司的面包能够出现在这家大饭店的餐桌上。为了达到这一目的，他每星期都会去找这家饭店的总经理，并一再制造"巧合"，在各种宴会上与这位总经理"相遇"。他坚持了整整四年，但始终没能打动这位总经理，对方对他的态度也始终不咸不淡。

杜鲁门先生对此一直非常苦恼，他决定改变策略，想方设法赢取那位总经理的信任。在一次偶然的机会下，杜鲁门先生得知，这位总经理原来是美国旅馆工会的会员，并且他对自己的会员身份十分重视，不仅赶赴全国各地参加会议，还被推举为工会主席。

在得知这一情况后，当杜鲁门再一次遇到这位总经理时，他主动问起了关于美国旅馆工会的情况。这一话题果然引起了这位总经理的兴趣，他眉飞色舞地花了半个小时介绍了这个组织。会面结束的时候，他还邀请杜鲁门参加这个社团。

此次谈话气氛显然是四年以来最为愉悦和谐的，虽然杜鲁门先生完全没有提到面包的事情，但几天后，那位一直对他不冷不热的总经理主动打来了电话，表示愿意和杜鲁门先生商谈合作计划。

为了这一次的合作，杜鲁门先生整整坚持了四年，风雨无阻，热情不减，但始终未能打动总经理。最后，反而是一场与合作几乎无关的谈话，促成了这一桩令杜鲁门煞费苦心的生意。可见，一场愉悦的谈话对于建立两个人的关系来说有多么重要，而一个令人感兴趣的话题，正是这场谈话的关键点。

当你试图与某个人建立起深入的关系，并与之愉快相处的时候，请记住，谈论他所感兴趣的话题。如果这个话题并非你所擅长的领域，那么就请做一个专注的倾听者，鼓励他谈论他所感兴趣的一切。这不仅能够让对方感到愉悦，同时也会让你受益匪浅。

◎ 迅速而真诚地承认错误

这个世界上没有任何人是不曾犯错的，当你犯错时，如果你能勇敢承认，那么你不仅能够赢得别人的尊重，更可以增加你的自尊。

这个世界上没有任何人是完美的，在漫长的人生中，我们必然会有犯错的时候。犯错其实并不可怕，可怕的是当你面对自己的错误时，却没有勇气去承担，而是用谎言掩盖，用借口推脱，以致犯下更大的错误。

人们没有勇气承认错误，往往是担忧这一错误会损害到自己的形象，从而使得周围的人失去对自己的信任与喜爱。但实际上，一个错误并不会让众人改变对你的看法，隐藏错误的行为却极有可能让你失去众人的信赖。正所谓"过而能改，善莫大焉"，一个敢于承认错误的人必定是一个有担当、有责任感的人，这样的人不仅不会让人感到厌恶，反而可能赢得他人的尊重。

美国历史上有一位非常著名的将军——罗伯特·爱德华·李。他一直深受美国人民的爱戴，这不仅仅是因为他立下了赫赫战功，更为重要的是，李将军是一个铁骨铮铮的汉子，一个敢于承担责任的男人。

乔治·皮克特是李将军手下非常重要的将领之一，南北战争时期，李将军曾令皮克特率领南方军对北方军发起了一次全面进攻，此次进攻起初非常顺利，北方军一路败退，南方军势如破竹，举着代表胜利的旗帜深入敌人腹地。

但就在皮克特大军一路欢呼，等待着最终的胜利到来的时候，突然其后方出现了一支北方军，南方军顿时陷入了敌人的包围圈口，战局迅速扭转。南方军誓死不肯投降，与北方军展开了异常惨烈的抗争，最终，皮克特大军惨败。

此次失败对于南方军而言是致命的打击，而这场战役也成了整场战争的结束之战。最终，南方军与胜利失之交臂，留给南方军的，只有英勇的荣誉。

李将军对于此次失败感到非常自责，他认为，这是自己的决策错误所导致的。虽然从始至终，根本没有任何人对他加以指责，但李将军还是向南方政府提交了辞呈。而当皮克特带着残兵败将归来的时候，李将军更是没有任何一句指责的话，他亲自迎接这些英勇的士兵，并一直向众人道歉，强调是自己的错误导致了皮克特大军的失败。

事实上，这场战役无论从哪个角度来说，李将军完全都能置身事外，他可以将责任推给任何一个军官，而从客观上来说，这场失败他们也确实脱不了干系。但李将军并没有这样做，他甚至没有为自己寻找任何一个借口，他只是真诚地向众人道歉，并完全揽下了这一责任。

李将军是令人敬畏的，在历史上，很少有人能够如此勇敢地承认自己的错误。而这一错误也从来不曾让李将军在民众心目中的形象有丝毫损坏，人们不仅从未指责过他的失误，反而因此更加敬重他的品德。

犯错本身并不是一件罪不可赦的事情，聪明人面对自身错误的时候，从来不会选择逃避或推脱，因为他们非常清楚，这样做只能欲盖弥彰，最终得到更多的指责与谩骂。自己真诚而主动地承认错误，远比从别人口中得到批评要好得多，而这一做法显然也更能赢得众人的谅解和尊重。

在我们的生活中，有许多事情都难以用简单的对与错来进行定义。比如当我们发表某一个观点的时候，或许会对某些人有所冒犯，对于这些人而言，我们的观点必然是错误的，对于另一部分人而言却并非如此。在这样的情况下，我们又该采取怎样的态度来面对呢？

如果你也有这样的苦恼，那不如学一学大作家哈伯德吧。

但凡是读过哈伯德作品的人都知道，他的文字是相当激烈的，其观点也十分尖锐，常常会得罪许多读者。按照这种情况看来，哈伯德一定有许多敌人吧？但事实并非如此，这位常常写出讥讽文字的作家不仅没有四面树敌，反而常常能将那些对他有意见的人变成他的朋友。他究竟是如何做到的呢？

由于作品内容的尖锐性，哈伯德常常会收到一些充满愤怒的读者来信，这些读者在信中以尖锐的言辞对哈伯德的作品提出批判，有时甚至带着极其不友好的态度对哈伯德本人进行谩骂。对此，哈伯德几乎都会给他们一个类似的答复：

"……你说的确实有道理，我仔细思考之后，这个说法确实连我自己都无法赞同。许多我昨天写下的东西，今天来看或许就会感到不以为然。我真的很想了解你对这件事情的看法，下次你如果到了附近，不妨抽出些时间，到我这里来坐坐，我们可以一同探讨一下这个问题，我衷心地期待你的到来……"

如果你是一个愤怒的读者，当你对哈伯德进行严厉的批评甚至谩骂之后，却收到了这样一封友好而真诚的回信，你会说什么呢？你是否会觉得自己对他的批评过分了些，是否会对他突然改观，甚至愿意去了解他的想法了呢？

哈伯德几乎没有为自己进行任何一句辩解，反而大方地承认自己在某些问题的看法上确实有失偏颇，他的退让不仅没有让自己失去"阵地"，反而争取到了更多人的支持。这是一个非常有趣的心理现象，当我们以剑拔弩张的强硬态度去对付某人的时候，对方很可能会采取同样强硬的态度来与我们对抗；但如果我们主动谦让，反而可能引起对方的歉疚，从而使得对方主动做出更大的让步，甚至可能同意我们的观点。

所以，当你希望获得别人的支持和认可时，请记住几点：如果你做错了，请迅速并真诚地承认错误，并承担相应的责任，这会让你赢得更多的尊重；如果你所做的事情无关对错，请以谦和的态度，巧妙引导他人同意你的意见。一颗真诚谦逊而又勇于承担的心，相信没有任何人能够拒绝。

◎ 请记住对方的名字

记忆他人名字的能力，无论在事业上、家庭中还是在政治圈都非常重要。这能使你迅速博得青睐，获得好感，赢得掌声。

名字对于每个人来说都有着非凡的意义，它是一种身份的象征，也是一种个人生命意义的延续。没有人不重视自己的名字，对于每一个人来说，自己的名字就是语言中最为重要的声音。

数百年前,许多的达官显贵不惜一掷万金,让作家以他们的名义出书,为的就是让自己的名字广为人知,甚至流传千古。而今天,不管是博物馆还是图书馆,或者其他的建筑设施上,几乎都会设立一个充满纪念意义的东西,比如纪念墙或者纪念雕像等等,并在这些东西上铭刻下所有捐款人的名字。这一举动背后的意义实际上与数百年前的达官显贵们是一样的,每个人都希望自己的名字终有一天能够响彻世界,并且能够不朽地流传下去。

没有人会不重视自己的名字,在人际交往过程中,相信每个人都曾有过被别人叫错名字的经历,当对方不记得你的名字,或叫错你的名字的时候,你的心中有什么样的感觉呢?他不重视你?他根本是个不懂礼貌的人?不管怎样,我相信,一定是非常不好的感觉。

我的朋友安娜塔有一个八岁的女儿,她非常不喜欢教授她美术课的老师,我曾经见过这名老师,是位非常和善、脸上总挂着笑容的女士。我非常不明白,这样一位漂亮温柔的女士,为什么始终得不到安娜塔女儿的喜爱。当我询问这个小女孩的时候,她告诉我:"我和雪莉都非常不喜欢她,她刚来的时候,我和雪莉一起去了她的办公室和她聊天,可她居然在问了我们两次之后,仍没有记住我们的名字。"

这个答案让我感到有些惊诧,但随即我便十分理解小女孩心中的感受了。对于一个无论如何都记不住自己名字的人,相信没有人能生出好感。同样,如果一个不熟悉甚至陌生的人能够叫出你的名字,相信你们之间的距离一定瞬间便拉近了,这就是名字神奇的魅力所在。

富兰克林·罗斯福在竞选总统的时候,他的总干事是一个叫作吉姆的人。吉姆出身贫寒,十岁就辍学打工,帮补家计。他几乎没有受到过什么正规教育,但在他四十六岁的那一年,他获得了四所大学的名誉学位,并成了民主党全国委员会主席兼美国邮政大臣。更为重要的是，在他的帮助下，罗斯福正式登上了总统宝座。

吉姆的成就是令人感到惊奇的，甚至可以说，他的传奇丝毫不逊色于罗斯福总统。当时，我专程找到了吉姆，向他请教成功的秘诀。

吉姆思索了很久之后，只回答了两个字："苦干。"

但显然，我对这个答案并不满意，要知道，这个世界上有许多能够吃苦的人，却不是每个人都能取得成功。在我的一再追问下，吉姆笑道："那么卡耐基先生，您又是怎么认为的呢？您认为我为什么能够取得成功呢？"

我想了很久之后回答道："我知道你能够记住一万个人的名字。"

吉姆笑了，说道："不，先生，您错了。事实上我能叫出至少五万个人的名字。"

叫出别人的名字，这在大多数人看来只是一件微不足道的小事，但吉姆正是凭借着这件微不足道的小事，取得了令人钦羡的成功。

吉姆非常重视这一点，无论何时，遇到何人，他总是要将对方的名字问清楚，此外还有对方的家庭情况、职业以及宗教和所支持的党派等等，并将这一切信息"组建"成一个"资料库"，牢牢地存放在脑子里。只要能够再次遇到这个人，吉姆必定能够不假思索地叫出他的名字，并能说出对方的许多情况，甚至包括对方最为骄傲的经历。这一本领使得吉姆相识满天下，每个人都愿意和他交往，喜欢与他交谈，因为他们在吉姆身上能够感受到被重视的感觉。

有一位非常有名的政治学家，他每次给人讲课时，第一课的内容永远都是：记住每个选民的名字。

如果你连你要争取的人的名字都记不住，那又怎么可能让他信任你，支持你呢？记住对方的名字是人际交往中最基本的礼节，而这个不起眼的细节无论对于你的事业还是生活来说，都能产生巨大的影响。

"钢铁大王"安德鲁·卡内基就是凭借牢记他人的姓名而获得成功的。

有一次，卡内基试图与宾夕法尼亚州铁路公司做生意，他先打听到这家铁路公司总裁的名字是汤姆森，于是他在匹兹堡建造了一家大型钢铁厂，起名叫作"汤姆森钢铁厂"。结果，卡内基几乎没有花费什么时间和精力去说服铁路公司，这场生意便顺利达成了。

还有一次，当卡内基经营的中央运输公司和普尔曼所经营的汽车公司为争取太平洋铁路联合公司的卧铺车订单而激烈竞争时，这一成功经验又再次发挥了巨大作用。

当时双方为了赢得竞争相互排挤，大打价格战，结果各自都大伤元气。为了解决这样无休止的恶性竞争，卡内基提出了自己的解决方案：将双方的业务合并起来，双方不再相互竞争，而是进行精诚合作，从而达到双赢的目的。

普尔曼听完卡内基的计划后，并没有立即表示认同或反对，而是问卡内基："您准备给这家新公司起什么名字？"

卡内基毫不犹豫地回答："那当然是普尔曼皇家小型机动车公司了。"

听到这里，普尔曼原本严峻的表情立即舒缓下来，并开始就公司合作的细节和卡内基进行了深入的交谈。而正是这次交谈，推动两家企业走向了合作。

或许你依然对此感到怀疑，只是一个名字，真的具有这样巨大的威力吗？那么我们不妨假想一下，如果有一天你偶然经过一家甜甜圈店，竟然发现它是以你的名字来命名的，你难道不会有想要走进去尝一尝的冲动吗？如果它不是糟糕透顶，我相信你一定会成为这家店的常客。

名字的力量就是如此强大，记住别人的名字是对对方最好的尊重，同时也是最快捷且成本最低的获得对方好感的秘诀。你只需要花费一点点时间，投入一点点精力，便能够收获意想不到的巨大回报。

　　如果你确实想要成为一个受欢迎的人，那么就请从这一刻开始，用心去记住每一个与你有交集的人的名字。当别人在做自我介绍，而你没有听清楚的时候，千万不要害羞，要大胆地再向他询问一遍，如果这个名字并不常见，你甚至可以进一步询问它的写法。要知道，没有什么比你叫错对方的名字更令人感到恼火了。长此以往，当你记住越来越多人的名字时，你必然会收获越来越多的掌声和青睐。

◎ 务必使他们觉得自己很重要

　　自重感是人类本性中最强烈的冲动和欲望。或者说，在人类本性中，隐藏最深的渴望就是得到他人的重视。

　　在我还年幼的时候，我曾一直坚信，整个世界都是以我为中心的，我是一个极其重要的人物，如果没有我，或许世界末日就会来临。很多年之后，我突然发现，原来在年少无知时有这样想法的人不单单只有我一个。

　　每个人内心都有着一种渴望，渴望能够得到他人的重视，渴望能向所有人证明自己是一个非常重要的人物。我们都想成为一个受人欢迎的人，获得众人的关注，这实际上也是一种"自重感"的体现。

　　此前我曾经说过，人际交往实际上就和照镜子一样，当你用什么样的态度和表情去对待别人时，便能收获到什么样的对待。因此，当我们希望获得别人的关注时，我们首先应该给予对方足够的关注，让对方感受到，在我们面前，他是一个极其重要的人。

我的成人培训班里有一个名叫罗伯特的学员，前不久他获得了一份来自华尔街的工作。他向我们讲述了这一一过程：

"我是在纽约《先锋报》的经济版面看到这份工作的招聘启事的，它当时占据了大部分的版面，是一幅极其引人注意的广告。看到那则招聘的时候我就在想，这不正是我梦寐以求的工作吗！于是我迅速寄出了自己的简历和相关资料。幸运的是，不久之后我就收到了面试通知。

"我相信我的能力足以胜任这份工作，但同时我也非常担心，我可能将要面对大群的竞争者，而这些竞争者中，或许会有比我更优秀的人。虽然有这样的担心，但我并不打算放弃这次机会，我在华尔街花费了相当多的时间来打探这家公司以及公司总裁的资料。

"终于到了面试的那天，我的心情非常忐忑，这一次面试决定了我今后的人生。

"很快就轮到我了，我做了几次深呼吸，然后进行了一下简单的自我介绍，随后我看着坐在对面的总裁，开始按照惯例陈述我选择这家公司的理由，我看着他说道：

"'先生如果我有幸在您经营的这家传奇的公司做事，我一定会感到非常自豪的。我听说过很多关于您的事情，在二十八年前，一张办公桌和一位速记员就是这间公司的全部财产，您却以如此有限的资源，创造出了惊人的企业传奇。天哪！我简直不敢相信，先生，这一切都是真的吗？'

"我知道，几乎每个成功人士对于自己的奋斗史都非常骄傲。所以我打算赌一把，这位总裁也不例外。结果我似乎赌赢了，听到我的问题后，他开始自豪地说起了自己的人生经历，从如何以区区四百五十美元作为第一笔资金开始创业讲到其间经历过的挫折和失败；从创业初期每天工作十六个小时讲到他曾经多少个周末、节假日都照常上班，而如今，他终于凭借自己的双手战胜了所有的困难，在华尔街拥有一席之地，甚至很多人都来向他求教。

"显然，他对于自己的创业史非常自豪——他当然有自豪的资本，并且很乐于和人分享他的经历。

"在这场谈话之后，这位总裁只简单地询问了我的资历和经验，随后便转过头对另一位面试官——公司的经理说道：'我想这位先生正是我们所需要的人才。'

"就这样，我获得了这份我梦寐以求的工作。"

罗伯特的做法是非常聪明的，他并没有对总裁阿谀奉承，也没有过多地展示自己的才华，而是通过了解总裁的背景，从一件让总裁最为自豪的事情着手，以一种钦佩尊敬的态度与总裁交流，让总裁感觉到自己对于罗伯特而言是一位极其重要的人物。显然，这种被重视的感觉深深打动了总裁，给他留下了非常好的印象，从而帮助罗伯特获得了这份工作。

人性实际上就是如此，即便我们面对的人是最为亲密的朋友，他们也更希望能从我们身上获得关注和重视，而不是一直听我们夸夸其谈，彰显自己的成功。每个人都希望自己在面对别人的时候能够有一种优越感和满足感，换言之，每个人都希望自己比身边的人更加成功。当然，成功与否我们不能控制，我们当然也不能为了讨好别人而将自己变成一个失败者。

但在人际交往中，我们却可以做到时刻把我们交往的对象放在一个被尊重、被关注的位置之上，让他们感觉到自己在我们眼中和心中都是极其重要的人物。有时候，懂得让对方闪耀出光辉比让自己闪耀出光辉更能收买人心。

如果你想成为一个受欢迎的人，如果你想和某人进行交往，那么不妨试着隐藏自己的锋芒，将机会留给对方，让他感觉到自己的重要，这样一来，想必他会非常愿意和你进行交流。

我的学员中，亚历山大在这方面做得非常好。他是一名厨房用品推销员，前不久刚和一个非常知名的厨房用品销售商店谈成了一笔大生意。

这间销售商店的老板是个非常成功的生意人，在这一行里非常有名。他的名气很大一部分实际上并非来自他的成功，而是来自他的暴脾气。他是个极其缺乏耐心的人，尤其不喜欢和推销人员打交道，不少推销员都吃过他的闭门羹，亚历山大自然也是如此。

在没有参加培训班之前，亚历山大就曾与他打过多次交道，但每次几乎还没开口，这位老板便会不耐烦地摆摆手，下逐客令："嘿，我有自己的供货商，不想再听你的废话，赶紧走吧！不要浪费我的时间！"

对于这桩生意，亚历山大几乎已经打算放弃了，但前不久，在参加我的培训班一段时间后，他突然告诉我，想要再次尝试与那家公司的老板交流，而这次，他会将自己学到的东西全部用出来。于是，他们有了一次全新的对话。

这一次，亚历山大拜访这位老板时，这样开始了谈话："您好先生，我这次并不是来向您推销什么的，只是想要请求您帮我一个小忙，不知道您是否能够给我几分钟的时间？"

这位老板叼着雪茄，狐疑地审视了亚历山大一番后，满不在乎地说道："你要我帮什么忙，就直说吧。"

亚历山大答道："是这样的，我工作的那家公司准备在附近开一家分公司，我知道您对这里的市场比其他任何人都要了解，所以希望您能给我提供一些建议，您觉得在这里设立分公司是不是一个明智的选择？"

这位老板听了亚历山大的问题之后，竟破天荒地拉过了一把椅子让亚历山大坐下，并取下了叼在嘴里的雪茄，开始侃侃而谈。他足足花费了一个小时，详细地向亚历山大分析了这一区域的厨房用品销售形势。他不仅热烈地赞同在这里开设分公司，甚至还构想起了种种具体的细节——从选择公司的位置到经营的方式。

这位老板说得兴致勃勃，眼中满是激动的光辉，亚历山大还是头一次看到这样的他。那天晚上，亚历山大获得了一笔很大的订单，并与这位老板建立起了一段让人深感意外的友谊。

每个人都渴望得到别人的认可和尊重，而当你向一个人发起请求的时候，就相当于为他提供了一个展现价值的机会，这比任何的阿谀奉承更加有效。亚历山大正是利用这一方式，在这位老板面前扮演了一个需要帮助的"弱者"，而将扮演"英雄"的机会放到了老板的面前，让这位老板在与他交流的过程中获得难以言喻的满足感，从而对他产生一种"庇佑"的情绪，使得这桩生意最终能够成交。

每个人心中都有"英雄情结"，每个人都渴望自己被人需要，当你能够满足他们这一心理需求的时候，他们自然会喜欢与你交往，甚至主动出手帮你解决许多困难。所以，当你试图变得受欢迎，或想要与某人建立关系的时候，与其努力让自己闪光，不如想一想，如何巧妙地将闪光的机会让给对方，自己则成为那片衬托鲜花的绿叶。鲜花虽然美丽，但在生活中，想做"鲜花"的人实在太多了，因此"绿叶"往往可能成为"鲜花"们争抢的对象。

◎ 做一个值得被别人喜欢的人

我们总是绞尽脑汁，希望得到别人的喜欢，但很多时候，我们恰恰忘记了最重要的一点——我们究竟值不值得别人喜欢。

在和我的众多学员的接触过程中，我发现了一个普遍存在的现象：很多人都热切渴望得到友谊，但同时他们又不肯去接近别人。他们总是与众人保持着一种客套、浅尝辄止的关系，但又在内心为自己的孤独和不受重视感到痛苦。

在与他们的交谈中，我意识到，很多学员的问题在于，他们无比渴望，并一再幻想着自己置身于一个充满尊重和友善的世界，并受到所有人的欢迎和喜爱，但他们完全不知道，在现实世界中，如何才能真正营造出这样一种氛围。

事实上，当我还很年轻的时候，我也有过这样的痛苦和困惑，而这种痛苦和困惑更多是来源于自身的自卑情绪。我一度认为，自己是如此渺小，如此没有存在感，无论在任何人面前，我都不会受到重视，我感受不到自己的重量，并坚定地认为，无论我怎么做，别人都不会对我有丝毫的兴趣。

很多学员的情况实际上和那时候的我是极其相像的，他们对建立新的人际关系总是感到难以抑制的焦虑，他们常常会发出这样的感慨："我这么渺小，没人会注意到我""没有人会对我这样平庸的人感兴趣""没有人会希望我去打扰他们"……每当我听到他们发出这样的感慨时，就仿佛看到了当年那个蜷缩在自己的幻想世界，不敢走向现实的我。而这些想法，实际上正是禁锢我们的牢笼，是妨碍我们与他人建立人际关系的最大障碍。

我们必须要明白一件事情，在这个世界上，没有任何人有义务对你好、喜欢你、欢迎你。或许正如你所担忧的，别人对你没有兴趣，可问题是，别人又凭什么要对你有兴趣呢？如果你总是将自己隐藏在人群中，如果你总是与他人保持着安全距离，如果你完全不曾展示出自己的任何魅力或优点，你又凭什么希望别人能注意你、重视你呢？

想要得到别人的喜欢，最有效且快捷的方式就是——成为一个值得让别人喜欢的人。

我的朋友瑟斯顿是一位成功的魔术师，四十年来，他几乎走遍了世界各地，以极其精彩的魔术表演获得众多观众的喜爱，看过他表演的观众大约有六千万之多。

有一次，瑟斯顿在忙碌的表演生涯中十分难得地得到了一个假期，我迫不及待地拜访了他。要知道，平时想见他一面是非常困难的，当然，在转播魔术表演的大屏幕上见到他除外。

那天，我们进行了一场轻松的谈话，谈话过程中，我随口问道："瑟斯顿先生，您是否介意和您的朋友——我——谈谈您的成功秘诀呢？您高超的魔术技巧究竟是如何练成的呢？"

我本以为，瑟斯顿将会向我讲述一些惊人的魔术技巧或者不为人知的魔术秘技等等，但他的回答大大出乎我的意料。

瑟斯顿说道："我很小的时候就离家出走了，成了一个流浪儿，几乎没有受过什么教育。我偷乘过火车，在稻草堆上过过夜，甚至还挨家挨户地进行过乞讨，那样的日子可真是不好受。我认识的字屈指可数，都是从路两旁的广告上识来的。至于在魔术方面，说实话，我并没有什么高人一筹的地方，如今魔术界与我实力相当的魔术师，少说也有数十个之多。"

对于瑟斯顿的回答我确实十分惊诧，我急忙说道："可你获得了如此之多的人的喜爱，你是魔术界最受欢迎的魔术师之一！"

瑟斯顿笑了，继续说道："我想是因为我有两样别人没有的东西：表演的人格和人情。在魔术表演中，我的每一个动作、每一个表情，甚至说话的声调都是经过严格的排演的，我非常注重每一场表演的节奏和进度，我十分关注观众们的反应。

"你知道吗，很多魔术师在面对观众的时候，心中想的是：'嘿，傻瓜们，乡巴佬们，接下来让我好好地骗你们一下吧！'

"但我不同，每一次上场之前，我都会提醒自己：'瑟斯顿，你要感谢这些观众，如果不是他们，你永远不可能过上舒适的生活。所以，每一场表演你都要尽力而为，力求向这些支持你的观众呈现出完美的演出。'

"我爱我的观众们，我总是迫不及待地想要向他们展示我最好的一面。"

与瑟斯顿的谈话让我茅塞顿开，是的，或许在魔术界，拥有和瑟斯顿同等造诣的魔术师并不少，但显然，能够像他一样热爱观众，注重每一场表演细节的人却不多。瑟斯顿的每一场表演都让人惊喜非常，他每一个看似随意的小动作，事实上都经过了无数次的排演。对于瑟斯顿而言，只要站在舞台上，只要面对着他的观众，他就必定要将自己最优秀的一面展现出来，让人们看到一场精彩纷呈的演出。这样一个优秀而又认真的魔术师，怎么可能不受到人们的欢迎呢？

如果不主动付出，只一味空等，我们永远也无法建立起理想中的友谊，同样也不可能会得到别人的喜欢。人际交往中存在着一个巨大的矛盾：每个人都希望别人对自己伸出橄榄枝，却又没有任何义务主动对别人表示好感。这样的一个矛盾很可能会形成一种恶性循环，即当你没有得到对方喜欢的时候，你也不会向对方表示好感，而由于你的冷淡，将会使得对方更加反感你，而你也相应地更加不喜欢对方。

要打破这个循环其实是件非常简单的事情，只要有一方愿意主动伸出橄榄枝，一切的矛盾便都迎刃而解了。与其等待着别人向你表示友好，不如自己主动付出友善。

我的好朋友克罗伊在人际交往中堪称大师，他有一种神奇的能力——让和他接触过的人在极短的时间内和他成为朋友。

克罗伊的交际范围非常广，既有楼道的清洁工也有华尔街的百万富翁，有天真的小孩也有和蔼的老人。我曾一度询问他，做到这一切究竟有什么秘诀，而他的回答则是："天哪，我除了向他们表示我非常喜欢他们之外，什么都没做啊！"

如果你认识克罗伊就会发现，确实如此，他非常有才华，但他极少在别人面前展示自己的才华。他唯一展现在别人面前的特别之处是：他对每个人都表现出热情真诚的一面。

他喜欢他遇到的任何一个人，无论这个人是什么身份、什么工作、什么阶层。他乐于与陌生人交谈，而所谈论的事情大都极其琐碎，比如："您昨天休息得如何？""您的早餐合胃口吗？""××家的面包真是棒极了，您也这样觉得吧！"

我敢保证，克罗伊在生活中绝不是一个琐碎的人，他才华横溢，聪明风趣，但在与别人建立关系的时候，他却从来不曾主动展示过这一点。他只是不断地以行动告诉别人："我喜欢你。"而这一行动正是他受到广泛欢迎的原因，面对这样的他，即便是平日里最难接近的人，也会像葵花遇到阳光一样将自己展现出来。

可见，想要成为一个值得别人喜欢的人并不是那么困难，即使你非常平凡，即使你极其渺小，只要你愿意付出你的友善，主动走上前去对别人表示好感，那么你自然能够获得别人的好感。一个热情真诚的人永远都值得众人喜欢。

第三章 CHAPTER 3

争论与交谈的攻防战

这个世界上并不是所有事情都能够通过争论而得到一个确切答案，争论是人与人之间最低效的沟通方式，它只能激发起一个人的心理防卫，将对立双方推到一个剑拔弩张的境地。即便你在争论中得到了短暂的胜利，最终你会发现，这种空洞的胜利很可能让你永远失去对方的好感。

◎ 争论里没有赢家

你是永远都赢不了争论的，争论的结果十之八九只会让双方都更加坚信自己才正确。在争论里，输是输，"赢"实际上还是输。

我曾经是一个极其喜欢与人争论的人，尤其是当我坚信自己正确的时候，更是一步不让。但多年以后我突然发现，这一习惯并没有为我赢得任何好处，反而让我失去了很多本该与某些人成为朋友的机会。

争论是人与人交往之中的毒蛇猛兽，一旦碰上了，必会两败俱伤，谁也捞不着好处。这是我从一场宴会上的深刻教训中体会到的。

很多年前，当时还很年轻的我有幸参加了一次规格很高的宴会。当时坐在我身边的，是一位身份尊贵的来宾，为了活跃宴会气氛，他讲述了一个十分幽默的故事，并在故事中引用了一句非常有名的话。但当时，他说，这句话是出自《圣经》的。他当然错了！因为我非常清楚，这句话出自莎士比亚的作品，甚至不久之前我才刚看到过！

那个时候的我依旧保存着"坚持真理"、热爱争论的习惯，我当场便指出了他的错误，并强调道："先生，这句话是出自莎士比亚的，我非常坚信这一点，是你错了。"

这位来宾听到我的话后，皱起了眉头，却十分肯定地说道："莎士比亚？哈哈，这怎么可能，这是绝对不可能的！我非常肯定，这句话就是出自《圣经》！我记得一清二楚。"

争论就这样不可避免地发生了，我们都坚信自己才是正确的，并急于纠正对方。就在这个时候，我想起了坐在我另一边的老朋友贾蒙。贾蒙是个莎士比亚爱好者，他曾花费了多年的时间对莎士比亚的作品进行研究，我知道，他一定能够证明我是对的。

为了一争高下，我与那位来宾都提出，让贾蒙来做评判。但我没想到的是，在我自信满满地等待胜利时，贾蒙却说道："戴尔，我想你错了，这句话是出自《圣经》的，这位先生说的对。"

我刚想反驳，贾蒙却在桌下狠狠踢了我一脚。当时我心里气愤极了，但最后我还是压下了心中的怒火。直到晚宴结束之后，我才责备贾蒙道："天哪，你怎么可能会记错呢？你明明知道那句话是出自莎士比亚，你怎么可以这样？"

结果贾蒙却回答说："确实，我知道那句话出自莎翁的作品《哈姆雷特》，并且就在第五幕的第二场。可是，即使我证明了你是正确的，你又能从中获得什么呢？他是一位非常尊贵的客人，而这个小小的错误并不会影响到什么，他只是说了一个笑话，以及引用了一个经典的句子，或许说完之后，他就忘记这件事情了。他根本不需要你的意见，也不需要你来纠正他的错误。你为什么不能给他留一点儿面子呢？即便你证明了自己，成功地指出了他的错误，我想他也不会对你有丝毫感谢，甚至可能会因此而失去对你的好感。争论中永远不可能有赢家，戴尔，避免争论才是正确的事情。"

"争论中永远不可能有赢家"，这句话一直回荡在我的脑海中，那一天，我对自己的人生进行了一场反思，我在回想，在人生中的每一场争论中，我究竟获得了什么，但答案是没有，我什么也没有得到。我没有因此得到别人的尊重，也没有因此获得别人的友谊，即便我巧舌如簧地将对方指责得哑口无言，我最终也没能得到任何东西。这种胜利是极其空洞的，它不仅不能带给我任何回报，反而伤害了双方之间的感情，让一段本可以建立的友谊化为泡影。

言辞如刀，争论常常会让人失去理性和自控能力，不自觉地说出许多伤人的话语，甚至可能让不断升级的语言攻击变为一种无理蛮横的相互谩骂，从而引起彼此之间的憎恶和仇恨，让冲动之火烧毁理智的缰绳。而当我们冷静下来的时候，回过头来想想，会发现，那个最初引起争论的问题实际上根本不算什么，它的对与错对于我们的生活而言不会造成任何影响。

当我们试图让别人接受我们的观点时，争论是最为愚蠢的方法。发起争论的那一刻，你就相当于主动站在了对方的对立面，如此一来，自然挑起了对方对你的敌意，这种时候，无论你再说什么，也只会激发起对方的防御性和攻击性，因为他已经在心里将你贴上了"敌人"的标签。面对"敌人"，他说的一切，自然都是应该坚决反对的。

几年前，我的培训班上有过一个叫作巴哈尔的爱尔兰人，他是一名汽车推销员，但业务表现非常不理想，一直徘徊于被解雇的边缘，而这也是他参加我的培训班的主要原因。在与他交流之后，我发现，他非常喜欢争辩，总是不留情面地指出别人的错误，而正是这一特点，让他在推销汽车的过程中常常与客户发生口角，以致不断失去订单。

于是我开始训练巴哈尔学会"闭嘴"，让他尽可能地避免与客户争论。

一段时间之后，巴哈尔成功地卖出了一辆汽车，他非常欣喜地向我们分享了这一过程：

"那天我走进了一个客户的办公室，他得知我的来意后，直接拒绝道：

'福特汽车？开什么玩笑，就算是白送，我也不会想要的，我只信得过雪佛兰。'

"当我听到他这么说的时候，确实有一瞬间火冒三丈，如果是以前，我或许会针锋相对地与他展开争论，指出雪佛兰的种种不好。但这一次我没有这样做，我微笑着对他说：'您说的对，先生，雪佛兰汽车确实不错，它们的品质有保障，并且售后服务也非常贴心。'

"当我说出这句话的时候，那位客户愣住了，似乎突然之间不知道该说什么。于是我抓紧这一机会，开始向他介绍福特汽车独有的优势。让人感到意外的是，他居然一直听我说到了最后，并且最终向我购买了一辆福特汽车！"

现在，巴哈尔已经是福特汽车的金牌推销员了，我想自从那一次之后，他终于懂得了避免争论的重要性。

很多时候，争论只能引发对方的敌意，即便你占据了道理，也几乎不可能说服他们改变想法。但如果你采取相反的态度，对他们的论点表示赞同，之后再进一步陈述自己的观点，或许结局就会完全不一样了。巴哈尔正是如此，当客户称赞雪佛兰汽车的时候，巴哈尔赞同了客户的观点，对雪佛兰给予了肯定，如此一来，客户必然不会继续在这个话题上纠缠下去。而巴哈尔对客户的赞同，也会让客户认为巴哈尔并非自己的敌人，从而降低对他的防御心理。这样，巴哈尔不仅赢得了介绍自己产品的时间，同时也大大降低了攻克客户心理防线的难度。

因此，我衷心地希望你们能够记住，当你在生活中遇到无伤大雅的问题时，不需要花费时间进行争论，与其让争论破坏你们之间的好感，不如一笑而过，用忍让换来一个朋友。在与别人交流的过程中，我们同样要懂得接受不同的观点与意见，只有先肯定对方，我们才有可能最终说服对方。

◎ 切勿喋喋不休

在人际交往中，知道什么时候闭嘴比知道什么时候说话更重要，学会如何结束比懂得怎样开始更令人喜欢。

在生活中，为了受到别人的欢迎，得到别人的喜欢，人们常常会注意研究一些关于说话方面的艺术，努力让自己成为一个妙语连珠，能够轻松建立谈话的人。但很多时候，人们往往忽视了更为重要的事情：懂得该什么时候闭嘴。

一个真正会说话的人恰恰不会是一个喜欢滔滔不绝的人，他只需要寥寥数语便能准确地抓住对方的兴趣，与之展开一场愉悦的谈话。正所谓"过犹不及"，任何一场精彩的谈话，一旦进入喋喋不休的境地，就可能令人感到反感和厌烦。

马克·吐温先生曾向人们讲述过他所经历的一个非常有趣的故事：

那是一个星期天的上午，马克·吐温到教堂做礼拜，牧师在布道的时候声情并茂地向众人讲述了非洲人民的困苦生活，希望信徒们能够为此贡献自己的一份力量。

在牧师讲到五分钟的时候，马克·吐温深受感动，他决定要捐出五十美元去帮助这些可怜的人。而在牧师讲到十分钟的时候，马克·吐温已经开始感到有些疲倦了，于是他打定主意，将五十美元降低至二十五美元。牧师又喋喋不休地讲到了三十分钟，这下马克·吐温有些坐不住了，他开始感到烦躁，并决定一会儿只捐出五美元。但牧师依然还在滔滔不绝地讲着，马克·吐温足足挨到了一个小时，牧师才终于结束了这场漫长的讲演。

讲演结束后，当马克·吐温走到募捐的银盘面前时，他不仅没有为此捐出一分钱，反而恶作剧般地从银盘里直接拿走了两美元。

对于马克·吐温来说，在前五分钟的时候，这场精彩的讲演确实打动了他的心。但可惜，当这场讲演变得又臭又长，足足持续到一个小时的时候，它已经成为一种令人感到痛苦的折磨，因此，他拿走了两美元，作为受到牧师讲演"摧残"的"补偿"。

牧师的漫长讲演正是我所说的"过犹不及"，很多事情恰到好处的时候，会带给人们一种美妙的体验，但一旦超出了某个度，便可能好事变坏事，美好变折磨。聪明的人懂得在一场谈话还未陷入平淡无味或需要绞尽脑汁寻找新话题之前就结束它，以一种恰到好处的告别，让对方感到意犹未尽。如此一来，既能够给对方留下深刻印象，同时又展现出了非常良好的社交礼仪。更为重要的是，这种意犹未尽的感觉会让对方从心底期待着与你的下一次谈话。

没有任何人会喜欢一个喋喋不休的人，即使是最讨人喜欢的人，喋喋不休也会将他的魅力摧毁殆尽。即使是最美丽的女人，喋喋不休也将让她变得令人避之唯恐不及。即使是最忠贞的爱情，喋喋不休也将把它打入万劫不复之地。

喋喋不休对于家庭来说是最具有杀伤力的，如果你的朋友或同事喋喋不休，你大可以选择避开他，但如果是你的亲人，你朝夕相对的伴侣喋喋不休，恐怕你只能避无所避。

法国国王拿破仑三世与美丽绝伦的玛丽·欧仁妮·伊格纳茨女伯爵坠入爱河之时，大臣们曾因欧仁妮身份太低而反对这场爱情，但拿破仑三世丝毫没有退缩，坚定不移地牵着爱人的手步入了婚姻的殿堂。他曾骄傲地向全国人民宣称："我已经选择了一位我深爱并且敬重的女士，而不是一个丝毫不熟悉的女人。"

毋庸置疑，在那个时候，拿破仑三世确实深深地爱着他的妻子，她的一切都让他着迷，她美丽、端庄、富有魅力，让他感到无比幸福。他们的婚姻也一度让人艳羡不已——声名显赫、郎才女貌——这场婚姻堪称完美。

但是，幸福持续得并不长久。拿破仑三世让美丽的欧仁妮坐上了皇后宝座，将深厚的爱意以及至高无上的权力都赋予了她，却依然不能阻止这位美丽的皇后永无止境的吵闹和唠叨。

或许是拿破仑三世的地位实在太过崇高了，以至于欧仁妮时时刻刻都充满了担忧，她生怕有一天，自己的丈夫会被别人抢走。嫉妒、恐惧、困扰一直折磨着欧仁妮，她开始变得歇斯底里，她甚至不允许她的丈夫独自出门，或拥有任何的秘密。

她会毫无预警地闯入拿破仑三世的办公室，甚至打断他与大臣的重要会议。她四处抱怨拿破仑三世，喋喋不休，甚至语带威胁。作为一国元首，拿破仑三世拥有几十间华丽的宫殿，但可悲的是，他找不到一个能够让他安静片刻的角落。

莱茵哈特在著作《拿破仑与欧仁妮：一幕帝国的悲喜剧》中告诉了我们这对曾经犹如天作之合的夫妻的最终结局，书中写道："后来，拿破仑常常趁夜晚偷偷从宫殿的后门溜出去，他用一个小软帽挡在眼前，只带一个亲信的随从陪他去赴秘密幽会，或者是去游览巴黎这座古老的城市……"

看来，欧仁妮歇斯底里的吵闹和喋喋不休的指责不仅没能挽救她的婚姻，反而将一个原本深爱着她的男人越推越远，她不仅没能留住他的人，甚至还失去了他的心。而拿破仑三世呢，为了躲避这个让他感到痛苦的妻子，只能在夜晚偷偷享受着属于自己的生活。

欧仁妮美貌绝伦，她曾让拿破仑三世着迷不已，但可惜的是，她最终却用喋喋不休的争执亲手毁掉了这段令人艳羡的爱情。可见，喋喋不休是一件多么可怕的事情，任何一个人，即便他拥有世界上所有的优点，但只要染上了喋喋不休的毛病，恐怕就没有任何人能够忍受和他待在一起。

我的朋友汤姆在法庭工作了十一年，他曾目睹过上千起离婚案的审理，他说："大多数男人选择抛弃家庭的一个不容忽视的原因，就是他们的妻子实在太唠叨了，她们可以一整天都喋喋不休地指责他们，这让这些男人感到快要发疯。"

如果你不希望自己成为一个让人避之唯恐不及的家伙，那么一定要警惕，千万不要成为一个喋喋不休的人。要知道，简短乃极致之灵魂，想要快速与他人建立起人际关系，并不在于你说了多少，而在于你是否能够以最少的话说出最核心的问题，抓住重点，一语中的。

◎ 了解对方的观点

当你与别人因为某件事产生分歧时，在争论之前请先了解对方的观点。如果你不能站在对方的角度上看问题，不能去理解对方的想法，那你又有什么资格与他争论呢？

我非常喜欢钓鱼，每年夏天都会到缅因州待一段时间，享受我的垂钓时光。有一年，与我同行的除了几个朋友之外，还有一个朋友的小侄女，一个六岁的金发小美女。我们按照以往的惯例，各自寻找到了适合的垂钓点。她也拿了一支儿童钓竿，学着我们的样子开始垂钓。整个早晨过去了，小侄女却始终一无所获。我感到非常奇怪，这是一个绝佳的垂钓点，鱼儿怎么可能一次都不上钩呢？

当我帮她拉起钓竿，查看鱼饵是否已经没有了的时候，我顿时明白为何鱼儿们都不肯光顾这里了，她的钓钩上挂了一颗鲜嫩的草莓，这是她最喜欢吃的东西。

在小侄女眼中，草莓是极具诱惑力的食物，但在鱼的眼中，草莓是它们甚至不会想去碰一碰的东西。小侄女奉献出了自己最喜欢的食物来做饵，却忘记"问一问"鱼儿，是否喜欢这个饵。

在生活中，很多人都会犯和小侄女一样的错误，人们总是习惯于用自己的思维和想法去揣摩别人，却总是忽视站在别人的角度去看问题，理解他们的所思所想。很多时候，人与人之间会引起争论，往往正是因为不明白对方心中的想法，只一味强求对方接受自己的想法。这与用草莓钓鱼，并强迫鱼喜欢上草莓又有什么不同呢？

与人相处和钓鱼其实是一样的，钓鱼要用鱼所喜欢的饵，这样鱼儿才会上钩。而与人相处则要了解对方的想法和观点，并从对方的角度出发，明白他们想要什么，以此为"饵料"，找准切入点，才能让对方按照你的想法行事。

比如某天你突然发现你年幼的儿子在学抽烟，这个时候，如果你用各种大道理去规劝他，或许他根本不会放在心上，因为对于他来说，这些大道理实在太过玄乎，离他又太过遥远了。这就好比你去某自助餐厅吃饭，店主规劝你说，请不要浪费食物，这是对地球资源不珍惜的表现，当有一天地球资源枯竭了，人类便会走向灭亡。你会因此而接受店主的规劝吗？至少对于大多数人来说，我想都不如直接写明"浪费食物将会被罚款"来得奏效。

因此，当你想要规劝你的儿子不要抽烟时，与其告诉他那些冠冕堂皇的大道理，还不如直接告诉他："如果你继续抽烟的话，尼古丁很可能会降低你的肺活量，而这将直接导致你无法加入篮球队，或者赢得运动会上的百米竞赛。"当然，这还要根据他的实际爱好来选择说辞，但至少你要明白一点，无论是小孩还是大人，他们都只会在乎自己想要的东西，并且也只会因为自己在乎的东西而做出让步。

我的培训班上有一个叫作麦克的大个子，他一直为他的小儿子感到担忧，那个孩子非常瘦弱，却又非常挑食，麦克用尽一切办法，都无法让小男孩乖乖吃东西。

当麦克将他的苦恼告诉我之后，我问他："那么你都是用什么样的方法去说服你的儿子必须好好吃饭呢？"

麦克回答我说："一切方法都试过了。我让妻子换着花样给他做饭，把他的食物做成各种好看的造型。我也曾严厉地苛责他，告诉他如果继续挑食的话，会缺乏营养，并且再也长不高了……总之我尝试了所有方法，但似乎都无法成功。"

麦克家的小儿子今年三岁，天哪，一个三岁的孩子，谁能指望他对三十岁的父亲所说的观点有任何反应。

我笑着对麦克说道："或许你该思考的是，你的小儿子究竟想要什么？"

当麦克明白这一点之后，事情就好办多了。他回去之后对他的小儿子进行了一些观察，他发现儿子特别喜欢骑着他的儿童三轮脚踏车在门外玩，但他家附近有一个比小儿子稍微大一些的孩子，这个孩子常常会从儿子那里抢走他的三轮车。而遇到这样的情况，瘦小的儿子每次都是哭着回去找妈妈来给自己撑腰。这样的事情每天都在发生。

麦克突然意识到，对于小儿子来说，或许没有什么比痛揍一顿这个欺负自己的孩子，维护自己的尊严更为迫切的渴望了。于是他转变了说服的方式，他告诉小儿子，如果肯好好吃妈妈给他安排的食物，那么他将会变得非常强壮，并且用不了多久，就能狠狠揍那个大孩子了！

一个星期后，麦克再也没有这方面的苦恼了，小儿子为了"痛扁"那个大孩子一顿，开始大口吃菠菜、豆子以及任何东西，为的只是快点儿变得强壮，好向那个一直欺负自己的家伙报仇！

奥弗斯特里特教授的著作《影响人类的行为》中有这样一句话："行动源于我们最基本的渴望。"

当你希望影响到某人行动的时候，你必须先了解他的渴望，以这个渴望作为"鱼饵"，来诱导他进行某种动作，而不是将自己的想法强行加在他的身上。当麦克以自己的认知为出发点与儿子沟通的时候，他根本无法明白儿子的需要，因此根本无法影响儿子的行为。但当麦克站在儿子的角度上看问题时，他立刻就明白，究竟怎样的"鱼饵"才能引起儿子的兴趣，从而顺利影响了儿子的行为。

当你试图改变某人的行为时，你首先必须改变他的思想，只有当你在他的思想中植入一个"应该去做"的观念之后，他才有可能按照你的想法行动。因此，在你打算与别人就某件事情展开争论之前，何不停下来好好想想，如何才能让对方心甘情愿地按照你的想法行事呢？这个问题其实很简单，当你能够站在他的角度，理解他的观点的时候，你就能够抓住他的渴望，如此一来，你也就拥有了足以钓到他的饵料。

但可惜的是，在这个世界上，将近90%的人会忽视这件事情，他们只一遍遍地重复着毫无意义的苛责与唠叨，试图改变对方的想法和行为，却从来不曾主动站到对方的立场上，去理解对方的想法和渴望。

知己知彼，百战不殆。在人际交往中，了解对方的心理活动是一种大智慧，当你能够时时站在对方的角度看问题，并设身处地地以对方的想法为出发点去理解对方的观点时，你的人际关系必定能够有一个新的突破。

◎ 学会用幽默来化解僵局

幽默是人际交往中最好的润滑油，当你陷入尴尬难堪的境地时，幽默不仅能够化解僵局，而且也能让你获得更多人的喜欢和钦佩。

幽默是一种智慧的体现，同时也是人际交往中最好的助推器。在与人交往的过程中，适时地展现出你的幽默，不仅能够创造轻松愉悦的交谈氛围，同时还能弥补自己在口才方面的不足，迅速赢得别人的欢迎和喜爱。

尤其是在人与人的交往中，常常会遇到一些非常尴尬的情况，稍有不慎便可能点燃"导火线"，引起一场"世界大战"。在这样的情况下，幽默无疑是最为理想的润滑剂，同时也是最有效的缓冲装置，懂得善用幽默的人，往往能够巧妙地避开争执，将僵局化解于无形，赢得别人的钦佩与尊重。

温斯顿·丘吉尔在担任英国首相期间，曾在一场宴会上遇到了他的政敌阿斯特子爵夫人。阿斯特子爵夫人看到丘吉尔之后表现得非常不友好，甚至在大庭广众之下对他恶狠狠地说道："你如果是我的丈夫，我一定会在你的咖啡里下毒！"

阿斯特子爵夫人的声音有些尖锐，几乎整个宴会厅的人都听到了，气氛顿时降至冰点。人们的目光纷纷投向了丘吉尔，似乎在等待着他的回应。这个情况是非常尴尬的，如果丘吉尔因此而大发雷霆的话，那必然会让宴会的气氛更加紧张，众多参加这场宴会的重要人士都会下不了台。但如果丘吉尔不做回应的话，显然在政敌面前无端输了一招，并且宴会的尴尬气氛恐怕也不会有丝毫改善。

就在这个时候，丘吉尔却突然爽朗地笑了，对阿斯特子爵夫人说道："如果我真的如此不幸，娶了您作为我的妻子，那我还是快把这杯有毒的咖啡喝下去吧!"

丘吉尔话一出口,宴会厅里顿时爆发出一阵大笑,阿斯特子爵夫人红着脸走开了,心中非常羞愧。现场尴尬的气氛也因这一幽默的回答一扫而空,宴会得以顺利地继续进行下去。

面对政敌不留情面的挑衅,丘吉尔幽默而巧妙地进行了回应,既没有失去面子,同时也没有将气氛推至剑拔弩张的境地,不仅化解了僵局,更展现了自己的风度。

大多有智慧的人都有乐观的心态和幽默风趣的谈吐,他们懂得用幽默来避免争论,化解生活与事业上的危机,在维护自己尊严与荣耀的同时更多地获得人们的支持和欢迎。林肯堪称是美国最有幽默感的政治家,他常常采用幽默的方式来向民众传达自己的政治主张,并以笑的艺术来回应对手的攻击,化解僵局,这也是他一直深受人们喜爱的重要原因之一。

我们知道,林肯的长相实际上确实令人有些不敢恭维,但无论如何,礼貌的人们是不应该当面指责这一点的,当然,并不是所有人都懂得基本的礼貌。林肯就曾在一个公开场合遇到过一个不礼貌的家伙,这个家伙在众人面前高声对林肯说道:"喂,你长成这样还出来干什么啊?应该自己躲回家里,不要吓到别人!"

面对这一不礼貌的行为,林肯却没有生气,而是装出一副苦恼的样子回答道:"真的非常抱歉,我这也是身不由己啊。"

众人顿时哄堂大笑,一个极其不友好的行为就这样被林肯的幽默轻松化解了。

林肯也是一个极其不肯"吃亏"的人。在一次宣传演讲的时候,林肯在台上接到了一张台下递上来的小字条,字条上只写了两个字:"笨蛋。"林肯看了字条之后,将它高高地举起了起来,并对众人高声说道:"这真是太有趣了,我曾收到过许多匿名信,但现在,我竟收到了一张只署了名,却似乎忘记写内容的纸条！"

相信那个递字条的人在台下看到林肯这一幽默的行为，心中必定是五味杂陈吧，林肯巧妙地回敬了这位辱骂他的人，并且完全不失风度。

对于林肯的幽默，当然也并不是所有人都买账，曾经就有一位政界要员公开批评过他，认为他说的笑话实在太多了，不免有损政治家的形象。但林肯回应道："我认为，当我们试图对一般人阐述问题的时候，以说笑话的方式进行更容易被他们接受。而当我们面对自己对手的时候，幽默的艺术则完全能够避开争论，化解矛盾。"

事实确实如此，争论中没有赢家，无论你多么巧舌如簧，陷入争论除了激化矛盾、损害形象之外，恐怕你得不到任何东西。而幽默无疑正是最好的避免争论的方法，既能避免尴尬的气氛，为人们带来欢乐，同时也能有力地回击对手，甚至有时候还能达到"一笑泯恩仇"的效果。

除了应对敌人的挑衅之外，我们在生活中也常常会不由自主地陷入尴尬之中，而幽默往往是应对危机的最佳方案，我们的大哲人苏格拉底显然精通此道。

据说苏格拉底有一个脾气暴躁的妻子，常常会对他乱发脾气，让他下不来台。每当人们嘲笑苏格拉底怕老婆的时候，苏格拉底都会自嘲道："娶这样的女人做妻子实在是令我受益匪浅，她不仅能够锻炼我的忍耐力，同时还能大大提升我的人格修养啊！"

一次，苏格拉底的老婆又因为一点儿小事情对他发脾气，在家中大吵大闹起来，这样的情况对于周围的邻居来说已经习以为常了。

在数次劝说无果之后，苏格拉底非常郁闷，决定退避三舍，去街上走一走，等老婆发完脾气之后再回来。但没想到的是，他才刚走出家门，他那愤怒的老婆就从楼上倒下了一大盆凉水，将苏格拉底泼成了"落汤鸡"。

要知道，苏格拉底现在可是站在人来人往的大街上，这样的情况对于男人来说，是非常伤害面子与尊严的。但苏格拉底似乎并不生气，打了个寒战之后，不慌不忙地对围观的众人说道："唉，我早就知道，每次响雷过后必然会有一场大雨，果然不出我所料啊！"

众人听到苏格拉底的话后，纷纷捧腹大笑，尴尬的气氛在笑声中顿时一扫而光，连怒气冲冲的妻子也不由得笑了出来。

不得不说，苏格拉底的确是令人钦佩的智者，而他的妻子也确实相当幸运，换了其他任何一个人，恐怕都难以忍受她的暴脾气，难以以幽默和宽容来经营夫妻关系吧。

在我们的生活中，常常会遇到许多不可避免的冲突与误会，与我们发生这些摩擦的人，可能是我们的亲人、朋友、爱人，也可能只是个萍水相逢的陌生人，如果我们以强硬的态度面对，必然会使矛盾升级、误会加剧，甚至可能在争吵之中失去理智，说出伤害别人的话，或做出伤害别人的事情，最终摧毁一段情谊。在这样的情况下，如果我们能够以幽默来应对，巧妙地化解彼此之间的尴尬，那么结局一定会完全不同。

在交际场中，幽默无疑是最好的交际手段，幽默能够迅速拉近两个人的距离，并在彼此心中留下良好印象。如果你想成为一个交际高手，拥有良好的人际关系，那么幽默感必然是不可缺少的"武器"。

◎ 换一个角度考虑问题

任何事情都没有绝对的好，也不会有绝对的坏，重要的是你站在什么角度去看待它。

前不久我参加了一个美术展览，在展览上看到了一幅我曾经看过的画，不由得停下来多看了几眼。我记得第一次看到那幅画已经是好几年前的事情了，只不过那是一幅挂在商店里的复制品。那是一幅关于日落的画，画面上有波光粼粼的湖面，安静的小木屋，还有漂荡在两旁的芦苇，我还一度想要找到画上的那个地方，可惜未能如愿。

再次看到那幅画让我感到有些激动，当时站在我旁边的是一位老太太，她似乎也十分喜欢这幅画，驻足凝望许久之后，她突然微笑着偏过头看着我说道："这幅日出真漂亮，和我在乡下看到的简直一模一样！"

我当时有些意外，她说那是"日出"，但事实上，在我人生的数年里，我一直认为那幅画所画的是日落。那幅画没有名字，所以实际上我根本不知道那位画家所画的究竟是日出还是日落。

人生中有许多事情其实都和那幅画一样，你看它或许是日落，别人眼中它却可能是日出。你认为它是好的，但或许在别人看来它糟透了。这个世界上永远不存在完全好或完全坏的人或事，而很多时候，我们给一个人或一件事所下的定义，往往只取决于我们所站的角度与立场，并不代表绝对的真理。

鲍比是我的一位老邻居，他和他的妻子已经结婚快三十年了。鲍比是个好人，总是对人笑脸相迎，凡是认识他的人，几乎没有不喜欢他的。鲍比的妻子却是个脾气火暴的老太太，她经常对鲍比呼来喝去。在做他们邻居的几年中，我就没有哪天不会听到鲍比的妻子咒骂他，我一直为鲍比感到悲哀。事实上，不仅仅是我，很多认识鲍比的人在提到他妻子的时候都会不由自主地感叹道："噢！可怜的鲍比。"

有一天，我的老邻居家再一次爆发出了女人怒不可遏的声音，紧接着我便看到鲍比耷拉着脑袋，一副垂头丧气的样子，从屋子里走了出来，手里还拎着一袋垃圾。我不由得充满同情地看着他，关切地问道："嘿，没事吧？"

鲍比苦笑了一下，说道："啊……我确实不该到威尔太太的蛋糕店去……"

威尔太太的蛋糕店在我居住的那一带非常有名，她的芝士蛋糕一度是我的最爱。威尔太太是个非常和气的人，年纪和鲍比差不多，她的丈夫很早就去世了。鲍比的妻子似乎非常不喜欢鲍比去威尔太太的蛋糕店，他们因为这件事情已经争吵过许多次了，以至于大家私下都在说，鲍比的妻子是担心鲍比和威尔太太发展出特殊的情谊。

这当然也可以理解，毕竟比起威尔太太，鲍比的妻子实在是太难以相处了。如果说非要比较的话，或许威尔太太更适合我们的老好人鲍比。当然，在鲍比面前，我绝对不能这么说。

"有什么办法呢，威尔太太的芝士蛋糕……天哪，还有什么比它更美味吗！"我避重就轻地说道。

"是啊……可恶的糖尿病……偏偏我永远都无法抗拒甜食……"老鲍比苦恼地说着，脸上的表情委屈得像个孩子。

我顿时一怔："嗯……你有糖尿病？莫非是因为这样所以……"

"今天偷吃蛋糕又被抓到了，这回恐怕连零花钱都没了……我得赶紧回去了，吉娜还没骂完我呢！祝你有愉快的一天，戴尔！"鲍比冲我笑了笑，随即又转过身，耷拉着脑袋，像个做错事的孩子一样回去了。

我的老邻居家中再次爆发出了鲍比那个脾气暴躁的妻子吉娜的叫骂声，但不知道为什么，这一次我似乎感觉这个声音并不那么刺耳了。因为就在刚才，鲍比和我道别之时，我在他的眼中看到了笑意，一种充满幸福的笑意。那一刻，我突然意识到，我们所感叹的"可怜的鲍比"有着一位深爱着他的妻子，而"可怜的鲍比"其实非常幸福。

很多时候，对我们严厉指责的人未必是我们的敌人，而那些对我们甜言蜜语的人，倒反而是口蜜腹剑。所谓爱之深，责之切，在某些时候，责备或许正是一种重视的表现。

每个人的认知和想法都是不同的，面对同一件事所看到的东西自然也会有所不同。我们在与别人相处的过程中，当在某方面发生争执时，在争论之前，不妨换个角度考虑问题，或许会有意想不到的收获。

我曾听到过这样一个故事：

在某个地方有一座非常古老的庙宇，里面据说有一尊非常灵验的神像，每天都有很多信徒来向神像祈求庇佑。

在庙宇里有一个看门人，他看到人们来来往往地向神像祈愿，不禁感到非常好奇：每天都要听这么多人的愿望，这尊神像是什么样的感觉呢？

一天晚上，神像突然对看门人说话了："你似乎非常好奇我坐在这里听众人的祈祷是一种什么样的感觉，你想要试试吗？"

看门人一听，非常高兴，急忙说道："是的，我实在太好奇了！可以让我感受一番吗？"

神像答道："这当然没问题，但你要答应我一件事情，无论你听到什么，看到什么，都不能言语。"

看门人立刻答应了神像的条件，于是，看门人便化身成了神像，神像则化身成了看门人。

第二天一大早，一个富翁来到了庙宇，跪在神像面前开始祷告，希望神像能够保佑他赚到更多的钱，娶到美丽的妻子，等等。在祷告的过程中，富翁腰间的钱袋不小心掉了出来，但富翁没有发现，祷告完毕后直接离开了。

富翁走后，一个看上去十分孱弱的穷人来到了庙宇，他跪在神像面前不断祈求，希望神像能保佑他生病的妻子有钱看病，饥饿的孩子能填饱肚子。祷告完毕后，穷人突然发现了掉落在一旁的钱袋，里面装满了钱。穷人非常惊喜，跪在神像面前连连道谢后高兴地离开了庙宇。

跟着进来了一个年轻的小伙子，小伙子一副雄心勃勃的样子，跪在神像面前，希望他能保佑自己到远方干出一番大事业。就在这个时候，丢失了钱袋的富翁突然回来了，一见到小伙子就不分青红皂白地揪住了他，严厉地说道："嘿！快把我的钱袋还给我！"

小伙子吓了一跳，莫名其妙地看着富翁辩解道："我不知道你说的什么钱袋，我根本没有看到，你快放开我，我还要去搭船呢，我的船快要开了！"

但富翁还是不依不饶，非要揪着小伙子去见官。眼看一场误会就要形成，这位无辜的小伙子就要失去闯荡世界的机会，变成神像的看门人再也坐不住了，开口将事情的真相告诉了富翁，帮小伙子解了围。

他们离开后，变成看门人的神像对那位真正的看门人说道："你违反了你的承诺，你已经没有资格再坐在上面了！"

真正的看门人非常不服气，对神像说道："你每天坐在这里，却完全不帮助向你祈祷的人，这又是什么道理？我刚才只是把真相说了出来，帮助了那位小伙子，我不认为我的做法是错误的！"

神像说道："这个钱包对于富翁来说根本不算什么，但对于那个穷人来说，却能救他妻儿的性命。但这些都不是最重要的，最重要的是，那位你所帮助的小伙子马上就会登上一艘即将沉没的船，而一切都已经来不及了。"

我们每个人其实都和看门人一样，做很多事情的出发点都是好的，却总是忘记在做之前换个角度去看一看，只站在自己的立场和角度上草率地判断是非对错，以致犯下不可弥补的错误。

这个世界上，任何事情都是多面性的，我们站在不同的角度，看到的风景也全然不同。人与人之间的冲突往往正是由于看事情的角度不同所引起的，因此，在说话做事之前，每个人都应该学会心平气和地以对方的视角来观察事情，考虑问题。有时候，我们眼中所看到的，未必就是事情的全部真相。

第四章 CHAPTER 4

赢得支持有多难

　　每个人都希望得到别人的赞美，都希望在犯错的时候得到别人的谅解和宽容，没有人喜欢遭到批评和指责……这些实际上都是人们的普遍心理特点。当你想得到一个人认同的时候，最快捷和有效的方法就是抓住对方这些心理特点，投其所好地与对方展开谈话，当你能够在交际活动中熟练使用这一技巧时，必定能为你的人际关系增色不少。

◎ 重视赞美的力量

想要赢得别人的支持，就不要吝啬使用赞美的语言。真诚的赞扬能够使你迅速赢得对方的心，同时赢得对方的支持。

很多时候，我们对身边的人表达关怀的方式，常常着重于物质方面的馈赠，却往往忽略了精神方面的慰问。我们毫不吝啬地用美食滋养他们的身体，用华饰获取他们的欢心，却总是连一句赞美的话语都吝啬给予。而事实上，赞美所能给予对方的心理满足几乎胜过其他一切的方式。

赞美是这个世界上最快速，同时也是性价比最高的获得别人欢心和支持的方式。每个人都喜欢赞美，因为赞美是对他的价值的肯定，同时也是对他的尊重和认可。没有人能拒绝赞美的话语，并且也没有人能拒绝一个赞美他们的人。

我的一位作家朋友曾经给我讲过他小时候的故事，现在我把他的故事拿出来和你们分享。

"在我还很年幼的时候，我是一个大家公认的坏男孩，我常常和别的孩子打架，恶作剧般地砸碎邻居家的玻璃，我的父亲一度对我头疼不已。

　　"在周围人眼中，我几乎就是一个毫无可取之处的小浑蛋，而我或许也从内心接受了这一'事实'，无论被父亲如何打骂，依然我行我素，四处惹麻烦。在九岁的那一年，父亲给我找了一个新妈妈，她是个非常和气的女人，我一直记得第一次与她见面时的情形。

　　"那天，新妈妈第一次来到我们家，父亲带着无奈的表情向她介绍了我。我想，在见到我之前，她应该早已经听闻了我的'劣迹'了，就在我等待着她厌恶眼光的时候，她却对我温柔地笑了，甚至俯下身子，友好地对我说道：'嘿，你一定是个聪明的小家伙吧！我想当你找到合适的途径来使用自己的精力之后，你一定会成为一个有大出息的人！'

　　"新妈妈的话让我感到一种前所未有的感动，我感到眼泪几乎夺眶而出。要知道，在这之前，几乎没有任何人曾夸奖过我。正是凭借着这几句话，新妈妈瞬间就征服了我的心，在往后的人生里，我们建立了极其和谐的母子关系。也正是因为如此，大约在我十四岁的时候，为了感谢我的新妈妈，我为她写了一首诗。同样就在那一年，她竟送了我一部二手打字机，并且充满期望地看着我，说：'小家伙，你以后一定会成为一名优秀的作家！'

　　"我永远无法忘记那一刻她的表情以及她的话语，而正是在那句话的激励之下，我的人生有了全然不同的改变，我今天之所以能够走到这一步，很大程度上要归功于新妈妈的鼓励和赞美。

　　"我常常在想，如果新妈妈见到我的时候，和周围的人一样对我表示出厌恶和责难，我还可能与她建立起和谐的母子关系吗？如果我们之间势同水火，我又可能给她写诗吗？如果没有那首诗，没有那部二手打字机和那句话，如今的我又会成为一个怎样的人呢？无论如何，我很高兴这一切发生了，我很感激新妈妈对我的鼓励与赞美，从某种程度上说，我认为它造就了今天的我。"

赞美的力量是非常强大的，无论是对于受到赞美的人，还是发出赞美的人。当你想要赢得一个人的好感时，最为直接快捷的方法就是赞美他。

威尔逊在竞选总统的时候，曾被人发现了一封他多年之前写的信，在这封信里，他言辞激烈地批评了一位议员，甚至扬言如果有机会，一定要将这位议员揍一顿。这封信被曝光之后，这位议员感到非常愤怒。

威尔逊在得知这件事情之后，心中非常苦恼，他十分想要化解与这位议员之间的误会，但又不知道该用什么样的方式去向他示好。

不久之后，威尔逊在华盛顿进行了一场演讲，在演讲中，威尔逊数次提到了那位议员，并对他的人品和能力大加赞赏。虽然当时那位议员并没有出席这场演讲，但显然，这件事情还是很快传到了那位议员的耳中。之后两人再次碰面时，那位议员对威尔逊的态度顿时一百八十度大转弯，甚至在随后的总统选举中还将自己的一票投给了威尔逊。

正是赞美化解了威尔逊与议员之间的"仇怨"，也正是赞美为威尔逊争取到了一个盟友。赞美的力量是非常强大的，它可以彻底改变两个人之间的关系，化解两个人之间的仇视。一个懂得赞美别人的人，必然能够获得众人的喜欢与支持。

但在这里我要强调一点，赞美与阿谀奉承、溜须拍马是完全不同的两种概念。我所说的能够打动人心的赞美，指的是一种发自内心的对别人的肯定与欣赏。

赞美应该是真诚的，只有真诚的赞美才可能引起对方的好感，否则只会让你在对方眼中成为一个阿谀奉承、虚伪功利的小人。

赞美别人要坦诚，更重要的是，你的赞美必须基于事实之上，否则只会适得其反。比如当你见到一位相貌平庸的女性时，你却赞美她的容貌，那就显得十分虚伪了，甚至可能会让对方认为你是故意对她进行讽刺。在这种情况下，如果你能避开她的容貌，去赞美她的言行举止或衣着品位等等，那么我想她必定会欣然接受。

真诚的赞美并不是一件困难的事情，在这个世界上，即便是最没用的人，身上也必定拥有闪光点，重要的是，我们必须拥有一双懂得欣赏别人的眼睛，并用这双眼睛去找出对方的优点。比如那些事业平平的人，他们或许拥有丰富多彩的内心；比如那些容貌平凡的人，他们或许拥有高贵的气质、优雅的举止；比如那些脾气暴躁的人，他们或许才华横溢、聪明绝顶。

赞美同时也是个技术活，想要让赞美发挥最大的效用，必须要掌握赞美的技巧。

首先，赞美要有具体的内容。比如你称赞一个人"你的头发很美"或者"你有一双会说话的眼睛"，效果要比笼统地赞美对方"你人真好"好得多。笼统的赞美实际上更多的只会给人一种客套的感觉，难以真正让人感觉到被称赞。但只要加入具体的内容，就会让对方感觉到你的真诚，并认为你确实注意到了他与众不同的地方。

其次，要赞美对方最不显眼的优点。如果一个人在某方面的优点特别突出，那么他必定常常听到人们对他这方面的赞美，听得多了，自然也就会习以为常，再从别人口中听到，实际上也不会有多少欣喜的感觉。但如果在这个时候，你赞美他的，是一个别人几乎没有注意到的、与众不同的方面，那么他必然会非常高兴，这一赞美也会显得尤为珍贵。

最后，在赞美别人的时候一定要注意，绝不能为了贪图方便而用相同或相似的内容来赞美周围所有的人。当人们发现你用几乎相同或相似的赞美之词"应付"每一个人的时候，不仅不会让人感到高兴，反而只会让众人觉得你是一个不诚恳的人。这个世界上，每个人都是独一无二的存在，只要你用心观察，用心发现，必定能在每个人身上找到不同的优点。

无论何时都不要吝啬你的赞美，赞美的力量是极其强大的，它能为你赢得更多的欢迎与支持，让你创造人际交往中的奇迹。你甚至不需要花一分钱，不需要任何人的批准或同意，在不久的将来，就能够收获意想不到的成果。

◎ 宽容，赢得支持的秘诀

人无完人，我们在接受别人的长处时，也应该接受别人的短处和不足，并给予对方足够的理解，这就是宽容。只有学会宽容待人，我们才可能真正地实现和平共处，缔造美好和谐的人际关系。

我们生活在社会中，就不可避免地会与各种各样的人接触，无论是生活还是工作，难免都会有发生矛盾的时候，如果大家互不相让，难免会引发更大的矛盾，破坏彼此之间的情谊。

我曾在一本书上看到过这样一句话："天空收容每一片云彩，不论美丑，故而天空广阔无比；高山收容每一块岩石，不论大小，故而高山雄伟壮丽；海洋收容每一朵浪花，不论清浊，故而海洋浩瀚无比。"这就是大自然的宽容。

人与人相处，只有学会宽容，才可能拥有并维系好广大的人际关系网络，缔造和谐的人际交往关系。宽容是一门做人的艺术，是人类最伟大的品格之一。正所谓人无完人，无论多么优秀的人，都必然会存在一些缺点和不足。与人相处，除了接纳他们的优点之外，对这些缺点和不足我们也应当给予理解和宽容，唯有如此，我们才可能拥有真正的朋友，也才可能真正为人们所接受。

几年前，在一场学术演讲会上，我的秘书茉莉给了我一份错误的演讲稿。当时，我演讲的题目是"如何摆脱忧郁创造和谐"，但当我走上演讲台后，我突然发现，粗心的茉莉给我的演讲稿居然写的是"如何让奶牛多产奶"。

你们能想象我当时的心情吗？我参加的可不是畜牧业研讨会！好在我那时已经不再是个初出茅庐的小子了，凭借着多年的经验和应变能力，我临时发挥，出色地完成了这场演讲，并最终获得了成功。

刚站上演讲台的时候，我的内心是非常愤怒的，我想着回去之后要大骂茉莉一顿，甚至可能开除她。但后来，当我的演讲完满结束后，我突然不那么生气了，我想到了茉莉的各种优点，最终我认为，一个小小的错误并不能抹杀茉莉曾经的种种优点。

于是，我回到办公室之后把演讲稿递给了茉莉，并对她笑道："我想或许我该谢谢你，因为没有演讲稿的关系，我进行了一次精彩绝伦的自由发挥！"

茉莉看到我递给她的演讲稿之后，整个人都呆住了。我从她的眼中看到了愧疚，此后我再也没有提起过这件事情，而茉莉也再没有犯过类似的错误。

直到今天，我依然为当时的决定而感到自豪，我没有因为被愤怒的情绪蒙住眼睛而失去一名优秀的员工。更重要的是，在那件事情的处理上，我真正学会了宽容。

宽容是一种能够相互感染、相互传递的行为，当我们能够宽容别人的时候，别人往往也能够对我们所犯下的错误采取宽容的态度。人的一生不可能绝不犯错，因此，对别人宽容，实际上也就相当于对自己宽容。

我年幼的时候是个非常淘气的孩子，闯了不少祸。菲利太太是我的邻居，她有一个儿子叫爱德华，是我非常要好的玩伴之一。

一次，我和爱德华像往常一样，一起玩我们都非常喜爱的扔石头游戏。但在游戏过程中，爱德华一失手，将石头丢到了我的身上。这一下虽然并不是很疼，但那石头正好击中了我别在身上的一枚玻璃胸针，那枚胸针顿时碎裂成了两块。那是我最喜欢的胸针，爱德华也吓到了，不断地向我道歉。当时我非常生气，但相比胸针来说，显然我更重视我的伙伴爱德华。于是我对他说："好了，没关系的，我原谅你，一切都会好的，我们继续玩吧！"

那件事情发生不久后，我和一群伙伴在一起踢球，结果一不小心打坏了菲利太太家的玻璃，这已经不是第一次了，每次发生这样的事情，菲利太太都会揪着我到父亲面前告一状，这次，我自然也少不了要挨一顿骂。

菲利太太在窗前将这一切看得一清二楚，我只得耷拉着脑袋，悻悻地走到了菲利太太面前向她道歉。令我感到意外的是，菲利太太并没有像以往一样生气，她温和地笑着对我说道："好了，戴尔，没关系的，以后记得小心一些。你是个懂得宽容的孩子，因此，我也会对你宽容，并且我为你感到骄傲！"显然，菲利太太所说的正是那天我和爱德华发生的事情。

那是我人生中第一次感受到宽容所带给我的好处。

如果我之前因为爱德华的无心之失而与他发生争执和冲突，那么我想当我打坏了菲利太太的玻璃窗，犯下这样错误的时候，必然也会受到菲利太太的严厉指责。在这件事情之后，虽然我对很多道理的认知依旧处于比较朦胧的阶段，但我开始让自己学会宽容，学会原谅别人所犯的错误，以及对我所造成的伤害。

宽容是一种美德，同时也是一种胸怀。人活在这个世界上，没有必要锱铢必较，生命如此短暂，又何苦将它浪费在无休止的计较之中呢？人非圣贤，孰能无过，面对无伤大雅的错误，不如大肚能容，置之一笑。

所谓宽容，首先要能够容人言。每个人都有着不同的世界观和价值观，对同一件事情的看法也不尽相同，在与人交往的时候，没必要强求别人一定要同意你的观点。我们应当拥有气量，接纳不同的意见和言论，并懂得欣赏他人言论中的优点，做到求同存异、共同发展，只有这样，我们才可能和别人建立长久的交往，共同提高，共同进步。

宽容最重要的还是在于容人。容人是宽容的根本，只有我们学会容人，才能够做到容言、容事。一个完整的人不可能只有优点和长处，必然也会存在着相应的不足。容人就要懂得容纳他人的不足，并要懂得欣赏他人的长处。世界上没有任何人是完美的，我们自己也不例外，如果我们没有容人之量，又怎么指望别人接纳我们的缺点与不足呢？

宽容是一座沟通心灵的桥梁，走过这座桥，人生就会更添一分豁达，人与人之间也会更多一分亲近。比陆地更广阔的是海洋，比海洋更广阔的是天空，而比天空更广阔的，则是人的胸怀。无论在对人还是对事方面，我们都应该拥有比天空更加广阔的胸怀，唯有如此，我们才可能拥有广阔的人际网络，同时获得更多的支持。

◎ 变得谦逊起来

一个人，不管拥有多少财富，不管表现得多么慷慨，如果学不会谦逊，那么，无论走到哪里，都很难受人欢迎。

要想做好一场演讲，演讲者与听众之间的关系和情感交流必须是真诚的。作为一名演讲者，你必须喜欢你的听众，尊重你的听众，并且以一颗真诚的心为你的听众提供帮助，这种强烈而真挚的情感是成功演讲的基础。

我认识的演讲者中，有一些确实巧舌如簧，他们每场演说都讲得天花乱坠，但总是无法得到听众的喜欢，反而可能常常被人嗤之以鼻。他们的失败事实上正是源于情感方面的缺陷。当站上演讲台的时候，他们可能会生出一种优越感，在他们看来，坐在下面的听众几乎都愚不可及，而这事实上正是这些演讲者失败的开始。当你在心中认定自己比对方优秀的时候，话语和神态中必然会不自觉地流露出高高在上的姿态，而对于人们来说，他们是绝不会接受一个看不起他们的人给出的建议的。

所以说，我一直坚定不移地认为，一个成功的演讲者，首先必须要具备的，就是一种谦逊的姿态。而演讲事实上和人际交往有异曲同工之妙，无论是演讲还是与人交往，事实上都是一个取得对方信任，获得对方支持，同时让自己受到对方喜欢的过程。而对此我们都应该清楚一个事实：如果你不具备谦逊的品格，那么无论是演讲还是人际交往，你都不可能获得成功。

美国表演界对于演员的要求向来十分严苛，为了保住自己的工作职位，每个演员都为了赢得观众的掌声而拼尽全力。对于这些演员来说，每一期节目都可能成为他们工作生涯中的最后一次登台。当然，这其中也不乏优秀的演员，在残酷的竞争之中脱颖而出，拥有了不可撼动的地位，艾德·苏利文正是其中之一。

曾有人询问过艾德，他究竟拥有怎样的诀窍让自己成为表演界的"常青树"，而艾德只是微笑着告诉众人："我从来不是表演界的专家泰斗，我只是一个业余人员罢了，我所需要学习和努力的地方还非常多。"

艾德在舞台上的表现非常有特点，他总是能够以自然流露的情感去完成一些标志性的小动作，比如扯领带、耸肩甚至有时候会结巴，而这些小动作也成了他的标志性表演。在他成名之后，曾一度有人批评他的表演方式，并主动找来许多模仿高手，将他的表演特点以夸张的方式演绎出来，以此来丑化艾德。但艾德从未因此与他们置气，并一度以极其谦虚的态度接受人们的批评，甚至十分欢迎这些意见和模仿，也正是如此，即便一直有人试图攻击艾德，但他始终受到观众的喜爱与支持。

谦逊是一种令人钦佩的品德，同时也是一种风度的体现。艾德之所以能够在表演界屹立不倒，正是因为无论面对任何事情，他都能发自内心地表现出谦逊。对于自己的成就，他从不曾骄傲自满，因此才能一直进步，让自己越走越远。而对于批评自己的言论，他更是从不反驳，只以谦逊的态度接受批评、求同存异。面对这样一个人，哪怕你曾经对他有意见，恐怕也无法狠狠朝着他友好谦逊的脸上来一拳。

人就如同一个容器，当里面装满了自满和骄傲的情绪之后，便再不可能向其中注入新的东西，而人也将从此停滞不前，直至被社会所抛弃。

达·芬奇曾在笔记中写道："微少的知识会让人骄傲，但丰富的知识却会让人谦逊。因此，空心的禾穗总是昂着高傲的头，充实的禾穗则总是谦逊地垂向大地——它们的母亲！"诚如达·芬奇所说，真正知识渊博、充满智慧的人必定是极其谦逊的，因为他们能够看到更加广阔的世界，同时明白天外有天的道理。只有那些没有见识的井底之蛙，才会以为自己高高在上、不可一世。

人对世界的认知就好像是一个圆，圆内是你已知的东西，圆外则是未知的东西。当你的知识非常贫乏的时候，你的圆便非常小，而圆外所接触到的未知自然也非常少。但随着你的知识越来越丰富，你对这个世界的认知越来越多，你会发现，随着圆的变大，圆周也越来越长，这就意味着你所接触到的未知也就越来越多。当你意识到这一切的时候，你将会迫使自己更加努力地进行探索，同时也将会更加清楚地认知到自己所处世界的广大。

所以说才学越高的人，才会越发谦逊，因为他们拥有比平常人更加宽广的视野。俄国作家列夫·托尔斯泰就曾打过一个非常有趣的比方，他说："人就像是一个分数，他们实际拥有的才能好比分子，而对自己的评价则好比分母，分母越大，这个分数的数值也就越小。"

我的朋友亚历山大曾经是一个完全不懂谦逊的人，他总喜欢在别人面前自吹自擂，虽然我不得不承认，他确实才华横溢，但在众人的眼中，他的骄傲自满实际上已经完全掩盖了才华所散发出的光芒。

亚历山大总是喜欢把话说得很满，每次有人找他帮忙的时候，他总会表现得胸有成竹，似乎轻而易举就能办成这件事情，以至于每次事情无法成功时，人们对他都会抱怨多过感谢。而面对人们的夸奖时，亚历山大也依然不懂谦逊，常常是一副沾沾自喜的态度，这使得原本想要感谢他的人，不由得也生出了一种厌恶之情。

事实上亚历山大确实是个好人，但可惜的是，他的言行态度实在让人无法对他产生好感。

当亚历山大意识到大部分的人都不喜欢他时，他感到十分沮丧，向我诉苦道："戴尔，我不明白，我真的不明白，我是一个如此优秀、对待人们如此热情的人，为什么他们竟要这样看待我？"

我想了许久，应该以什么样的方式来让亚历山大明白他的问题究竟出在哪里，最后我告诉他说："亚历山大，我知道你是个好人，但是或许有时候你并没有意识到，你总是表现得无所不知、无所不能，但你要知道，这个世界上只有上帝才能做到这一点。如果你总是试图让自己表现得如同上帝一般优秀，但事实上并不拥有上帝的力量，那么我想在人们心中，你或许就是在亵渎上帝。你明白我的意思吗？事实上，比起意识到自己的优秀，我希望你能试着想想自己的不足，或许这样一来，你会得到一些意想不到的收获。"

那之后，亚历山大完全成了另外一个人，他不再炫耀自己的才能，也不再迫不及待地夸奖自己，在很多时候，我都发现他在思考，尤其是当他获得赞美的时候。我想他已经学会了谦逊，否则现在的他，又怎么会获得如此多人的喜欢呢？

没有任何人会喜欢骄傲自大的人，或许你在某些方面确实比一般人更强，但这并不意味着你就绝对比其他的人更加优秀。与其将注意力放在自己的强项上，倒不如将注意力转移到自己的弱项上，让自己变得更加优秀。当你的着眼点不再仅限于自己的优点之时，你才能看到除了自己的小圈子之外更加广阔的世界，同时也才能进一步突破自己、提高自己，以谦逊的态度面对这个世界。

◎ 请对方帮一个忙

当你苦于无法与对手建立联系时，不妨请求他帮你一个忙，这是对对手最为直接的肯定与赞美。

每个人都渴望能够成为一个被别人所"需要"的人，这实际上是一种自身价值的体现，同时也意味着自己得到了别人的承认。而当一个人向你请求帮助的时候，你必然会感到自己被他所"需要"，同时自己的能力也为他所钦佩，毕竟如果你不信任某个人，或不对他的某些价值表示尊重及认同，你又怎么可能去"请求"他帮你做什么呢？

利用这一特点，我们能够在人际交往中迅速博得对方的好感，获得对方的支持，甚至与对手化敌为友。

出生于 1706 年的富兰克林是美国著名的外交家、政治家、科学家、作家、哲学家、出版家，以及发明家。他几乎算得上是一个全能型的人才，而他在"人际交往"方面所取得的成就更是令人钦佩不已。

在富兰克林还很年轻的时候，他在费城开了一家小型印刷厂，并成功被推举为宾夕法尼亚议会下院的书记员。

就在他的事业正蒸蒸日上时，却不知因何得罪了一个新当选的议员，这位议员不断地刁难富兰克林，甚至还发表了一场公开演说，以极其尖锐的言辞攻击富兰克林，将他贬得一文不值。

面对这一状况，富兰克林简直哭笑不得，他根本不知道自己究竟做错了什么，会引致这位议员如此强烈的反感。

为了扭转这一困境，富兰克林绞尽脑汁。一次偶然的机会，他得知这位议员是一名藏书爱好者，并且他恰好藏有几部十分名贵的书，于是，富兰克林计上心头。他写了一封信给议员，表示非常想要读一读议员珍贵的藏书，并一再请求议员能够答应他的恳求。没过多久，那位议员就将书寄给了富兰克林。

一个星期后，按照之前约定的日子，富兰克林准时将书还给了议员，并附上了一封热情洋溢的感谢信。

这件事情之后，当富兰克林再次与这位议员碰面时，他竟然主动向富兰克林打了招呼，要知道，之前他们每次会面，议员都是一副避之唯恐不及的面孔。后来，那位议员不仅没有再次攻击富兰克林，而且还表达了对他的支持。许多年之后，他们依然是好朋友，直至那位议员去世，他们之间的友谊也没有丝毫减退。

那位议员明明一直敌视富兰克林，但为什么又在一夕之间便完全改变了对他的看法呢？实际上这一切的关键都在于富兰克林借书的举动上。富兰克林向议员请求借阅藏书，一方面暗示了两人之间兴趣相投，另一方面则表现出了他对这位议员的推崇与肯定。富兰克林主动将自己放在了一个请求帮助的弱者的位置上，无形之中抬高了议员，满足了议员渴望被需要、被肯定的心理，从而博得了议员的好感与支持。

"请对方帮忙"，表面上看起来似乎是一种麻烦别人的举动，但实际上这又何尝不是为对方提供一个实现价值的机会？当人们的能力被肯定，当人们感觉到自己被需要的时候，其自尊心和自信心都会得到极大的满足。因此，在人际交往之中，当你试图得到某人的喜欢与支持时，不妨考虑请求他帮你一个忙，这实际上是一种比语言更加有用的赞美方式。

在生活中也是如此，当我们希望别人为我们做某件事情的时候，不妨收起命令的态度，放低姿态，以请求帮忙的方式来争取对方的同意，这样不仅能够让对方感觉到有面子，同时也能激发他们的自尊心和自豪感。

几年前我曾经和一位同事到纽约出差，那天早晨我们一起在餐厅里吃早餐，点单过后，同事决定出去买张报纸来打发时间。但几分钟之后他空着手回来了，并恼怒地对我说道："这里的人实在是品质恶劣，全是些傲慢无礼的家伙！"

我感到非常诧异，询问道："发生了什么事情？"

同事板着脸对我说道："我刚才去了对面的那个报亭，打算买一份报纸，但我没有零钱，于是递给了他十美元。结果他居然从我手里拿走了报纸，还毫无礼貌地教训我说，他可不是专门在这种高峰时间给人换零钱的！"

我并不赞同同事的说法，我相信只要处理方法正确，我们可以获得任何一个人的好感。于是，同事提出要与我打赌，认为我绝不可能用这十美元在那个脾气暴躁的报亭老板那里买到报纸。

我拿起了十美元，穿过马路走到了刚才同事去的报亭，微笑着对老板说道："你好先生，请问能帮我个忙吗？我是从外地来出差的人，我需要一份《纽约时报》，但我现在没有零钱，只有一张十美元的钞票，我该怎么办呢？"

老板看了我一眼之后，接过了那十美元，并递给了我一份《纽约时报》，说道："没关系，我有零钱可以找给你。"

我和同事在这件事情上唯一不同的处理方式就在于，我向报亭老板发出了请求，给了他一个能够对我伸出援手并获得我感谢的机会。请别人帮一个忙，这看似只是一句简单的话语，但其背后有着极其丰富的含义。

当我们希望别人做某件事情的时候，如果直接告诉他，你应该怎么做，或者你必须怎么做，只会让人感觉到你在以一种高高在上的态度命令他，这样一来，必然会让他生出一种逆反心理，即便他迫于压力帮你做事，也可能不会倾尽全力。但如果你告诉他，"我希望你能帮我一个忙"，那么你们之间的地位就会顿时调换过来，他就会感觉，他做这件事情实际上并非迫于别人的压力，而是出自于一种帮助弱者的高尚情操，从而心底生出一股英雄气概，尽心尽力地帮你完成这一事情。

一句话的差别，却可能造成两种截然相反的态度，从而得到两个完全不同的结果。

请别人帮忙虽然常常能够让你在人际交往中获得出乎意料的成果，但我们也要注意一点：请求别人帮的"忙"必须是不会给对方添麻烦的小忙，而不是一个超越彼此关系，令人感到为难的"忙"。如果你的请求超出了对方的能力，或者过分得超越了彼此间的关系，那么不仅不会让对方对你心生好感，反而可能引起误会，让对方认为你是故意刁难他，或是个不知轻重的人。如此一来，再想扭转这一印象，就非常困难了。

◎ 巧用"罪己术"，赢得众人心

当你犯错的时候，与其找理由开脱，不如抢在别人责备你之前先责备自己，如此一来，对方十之八九会以宽大、谅解的态度来对待你。

所谓"罪己"，就是主动将错误和责任归咎于自己的身上，积极承认错误并进行自我检讨。能主动做到"罪己"的人并不多，对于大多数人来说，推卸责任，寻找理由为自己辩驳似乎才是为人处世的常态。但实际上，当面对别人的责难之时，"罪己"往往能够发挥令你意想不到的效用，帮助你扭转乾坤，化解危机，赢得众人的心。

前不久我见到了一位朋友费丁南，他是一名商业艺术家。在很多时候，艺术与商业之间总是存在着不可调和的矛盾，而费丁南所做的，就是将艺术融于商业之中，让艺术变得市场化。可以想象，这项工作中必然会存在众多的冲突和难题。

此次出资支持费丁南的艺术品雇主是个脾气极其暴躁，且十分专制的人，在这一行业里算得上是小有名气。曾经有许多艺术家和这位雇主有过合作关系，但最终几乎都是在争吵中不欢而散的。费丁南却不一样，这已经是他与这位雇主之间的第三次合作了。对此我感到十分诧异，要知道，能够一直忍受那个暴躁专制的家伙可不是件容易的事情。

在谈话中，我半开玩笑问费丁南道："嘿！哥们儿，你简直是我见过的最好的'驯兽师'，你究竟是如何'驯服'那暴躁又有钱的家伙的？"

费丁南大笑道："事实上罗伯特先生是个好人，你们没有必要这么怕他。只要找对方法，你会与他相处得非常愉快！"

紧接着，费丁南给我讲了一件事情。那是费丁南与这位罗伯特先生第一次合作的时候，在罗伯特先生的要求下，费丁南完成了一件非常紧急的作品，但交给他的第二天，费丁南就接到了罗伯特先生的电话，并要求他立即到办公室。

罗伯特先生是出了名的喜欢鸡蛋里挑骨头的人，况且这件作品又完成得非常急迫，很可能会出现一些被忽略的小瑕疵。费丁南心中暗叫：不好，麻烦来了！

在前往办公室的路上，费丁南一直在思索对策，究竟应该如何去安抚这位暴躁易怒的雇主呢？眼看就要到办公室了，费丁南却一筹莫展，就在推开办公室门的那一瞬间，费丁南决定，与其等雇主开口骂人，倒不如自己先开口，自己骂自己总比别人骂自己好受得多吧！

"罗伯特先生，天哪，我究竟是犯下了怎样的错误？真的很抱歉，我实在太惭愧了，您这么信任我，将这么紧急且重要的工作交给我，可我……唉，我实在是不知该如何面对您了，真的太抱歉了！"费丁南刚走进办公室便率先开口说道。

罗伯特先生表情一僵，眼中闪过一丝惊讶，随即赶紧说道："这其实……也不是一个很严重的错误……"

"不，别这么说，任何一个错误都会引发严重的后果，而我，绝不该出现这样的错误！"费丁南打断罗伯特先生继续说道，"我必须要使您满意，如果不这样的话，又怎么能对得起您对我的信任呢！我将重新再来，一定要将这项工作圆满完成！"

罗伯特先生赶紧站了起来，对费丁南无限诚恳地说："并不是这样的，或许我在电话里语气太重了，其实只需要修改一些小地方就行了，真的没必要全部重新来做！"

最后，费丁南不仅没有因此失去这位雇主的支持，反而赢得了他的喜爱，这位雇主曾在多个场合夸赞费丁南，说他是个天才的并且极其负责的合作伙伴。

这件事让我深受震动，我不禁对我的朋友费丁南更加佩服了几分。在面对责难的时候，他没有采取任何方式，寻找任何理由为自己辩驳，虽然这件事他绝对能够找到不止一个理由来证明大部分的错误或许并不在他身上。但面对罗伯特先生的怒火，费丁南却抢先一步将一切错误都揽到了自己身上，在罗伯特先生发作之前就将他骂人的话语堵了回去，避免了一场尴尬的争执。

如果确实是自己犯错，主动承认错误，自我批评没有什么大不了。但如果有的事情并非是你的错，三言两语之中又难以说清楚的时候，我们又该怎么面对呢？我曾在我的课堂上给学员们讲过一个故事，从这个故事里或许大家能够得到一些启示。

一天，一位父亲带着他的孩子到友人家中进行拜访，友人招待他们坐下后给他们沏了茶，之后便随手将暖水瓶放在了餐桌上，返身回到卧室，似乎要拿什么东西。

就在父子二人喝着茶看着窗外景色的时候，餐桌处突然一声脆响，二人回过头一看，原来是热水瓶从桌上掉下来摔了个粉碎。父子二人面面相觑，心想可能是友人刚才没有放好热水瓶的缘故。

这时，友人也听到了声响，赶紧从卧室里走了出来，安慰父子二人说："哎呀，不打紧，不打紧，只是个热水瓶，你们没事吧？"

听到主人这么说，孩子刚想开口解释，却听到父亲充满歉意地说："哎呀，我真是太不小心了，真是太抱歉了。"

离开友人家后，儿子终于满脸委屈地拉着父亲的手问道："这明明并不是你的错，为什么你却要道歉，任由别人误会你呢？"

父亲笑道："在生活中，你总会遇到一些无伤大雅的误会，却又没有办法将这些误会的真相清清楚楚地展示给别人看。在这种时候，你需要做的，是鼓起勇气承担，而非为自己辩解。要知道，比起一个逃避躲藏的人，人们更加敬佩并喜爱愿意主动认错的人。在无法解释清楚误会的情况下，据理力争不会给你带来任何好处。"

这个世界上有很多事情都不可能得到一个清清楚楚的答案，每个人都免不了会遭到误解，如果这个误解无关人格以及原则，那么与其据理力争不如主动承担。虽然这或许并非你的错误，但在无法解释清楚的情况下，据理力争并不能洗刷你的冤屈，证明你的清白，反而可能加深误解，让别人认为你是一个逃避责任、不敢承认错误的胆小鬼。

"罪己"实际上是一种策略，一种人际交往的方法。当你确实犯错，将要面对众人的责难时，率先发出"罪己令"，不仅能够堵住对方对你的责骂，而且可能激起对方的同情和愧疚，反过来对你进行安慰，并以宽容理解的态度面对你的错误。如果陷入误解，并且这种误解并不会伤害到你的人格和尊严，"罪己"无疑比据理力争更能获得众人的谅解与尊重。即便日后真相揭晓，众人也会因为你的隐忍和豁达而更加赞赏你。

◎ 做别人不愿意做的事

今天你若能做别人不愿意做的事，明天你便能做别人做不到的事。

能够获得成功的人与其他人最大的不同就在于，他愿意做别人不愿意去做的事情。在做这些别人所不愿意做的事情时，他将付出比旁人更多的努力和代价，然而相应的，他也将会得到比旁人更多的收获，从而一步步走向成功。

　　荣获诺贝尔医学奖的罗伯特·科赫在大学时一直被称为"最傻的人"，因为他总在做一些"傻事"。

　　1862 年，科赫考入了德国格丁根大学医学院，当时负责教导这一届学生的是亨利教授。在开学的第一天，亨利教授就给所有学生布置了一个任务：抄写他多年积累下来的论文手稿。

　　对于这些雄心勃勃的年轻人来说，这无疑是一项无聊至极并且大材小用的工作，他们来上大学为的是学习到有价值的东西，怎么能浪费青春和生命来做这种毫无意义的抄写工作呢？因此，大部分学生拿到亨利教授的手稿之后，就随手丢到了一边，他们更愿意到实验室去做实验、搞研究。

　　但是，有一个人乖乖留下来做了"抄写员"，这个人正是科赫。在他的同学们一门心思地投入实验和研究中时，科赫按照亨利教授的吩咐，每天都坐在教室里认真抄写这些枯燥的论文手稿，同学们都嘲笑他，"最傻的人"的称号也因此而传开了。

　　一个学期结束之后，科赫将自己认认真真抄写完毕的手稿交到了亨利教授的办公室，在这一届学生中，只有科赫一人完成了亨利教授所布置的这一项作业。

　　看到科赫的成果，亨利教授非常高兴，对他说："作为从事医学研究的人，除了聪明的头脑和勤奋拼搏之外，更重要的是必须具有一丝不苟的精神。你们这些年轻人做事总是急于求成，非常容易忽略重要的细节。但在医学上，任何一个细节都是不容有失的，走错一步，就是人命关天的大事情。我之所以让你们抄写论文，一方面是为了巩固你们的医学知识，另一方面则是为了锻炼你们的心性。只可惜，大部分的年轻人都不懂，唯独你完成了这项任务！"

　　听到亨利教授的话，科赫这才茅塞顿开，从此之后，科赫一直牢牢记着亨利教授的话，一丝不苟地进行研究工作，认真负责地做着那些别人不愿意做的小事情。

正是因为保持着这样严谨的研究态度，科赫发现了结核杆菌和霍乱弧菌，并成为首个研究发现传染病是由病原细菌感染所引起的科学家，最终，科赫于 1905 年正式获得了诺贝尔医学奖。这位"最傻的人"最终成就了医学史上的一段传奇。

科赫的成功与他的"傻"是分不开的，诚如亨利教授所说，大多数人都急于求成，以至于根本没有耐性去稳扎稳打地做好研究工作，而这种态度直接导致了他们最终与成功失之交臂。科赫却不一样，在这些急于求成的"聪明人"看来，他非常"傻"，甚至一再做着别人认为对自己的前途和未来丝毫不会有所帮助的事情。但恰恰正是这些"傻事"，让科赫获得了一生之中最为宝贵的财富，同时也让他一步步走向成功。

能忍常人之不能忍，必定能够得到常人之不能得，成功的契机往往就潜藏在容易被人忽略的细节之中。

我年轻的时候曾在一些报纸杂志上发表过几篇文章，那点儿小小的成就对于当时初出茅庐的我来说还是十分值得骄傲的。我原本以为，取得这样"成就"的我想要找一份好的工作并不难，但当我开始实际奔走的时候，却发现自己想得太过简单了。

我花费了整整两个月的时间，却依然没有找到一份满意的工作，身上的钱基本上也都花完了。就在这个时候，突然有一个朋友给我介绍了一份工作，我当即就答应了下来，第二天便直接杀去了公司。

实际上我在去那家公司之前，都不知道我究竟要做什么工作。当时接待我的是一名人事部经理，他把我领到了一处低矮的棚屋里，走进去之后，我发现里面非常凌乱，堆放着一部破碎机，以及各种各样的工具和垃圾。当时我的心一沉，一股不好的预感涌上心头，但那个时候，我几乎是走投无路了，不管什么样的工作，恐怕我都不能拒绝。

"你的工作就是负责将这些废品全部破碎。有什么问题吗？"经理的话证实了我的预感。

我虽然心中十分不愿意，但权衡再三，为了生活我依然接下了这份工作。这份工作虽然不需要太动脑子，但实际上并不轻松，破碎机工作的时候噪音非常大，并且常常搞得尘土飞扬，每次上完班，我都会变得灰头土脸，浑身脏得像只灰老鼠。

干了这么一份工作，要说心里没有想法那绝对是骗人的，我无时无刻不想着赶紧跳槽离开。但既然接下了这份工作，我便有义务要做好它，所以我的心中虽然每天都装满了怨念，但没有任何松懈，每天下班之前，我都会将灰尘全部打扫干净，并将工具一一放好。几天之后，我已经习惯了这份工作，为了提高工作效率，我自己做了一份关于物品破碎的记录，并将许多废品进行了分类。

大概做了十几天，我便对这份工作得心应手了。就在这个时候，总经理突然将我叫到了办公室，让我感到惊喜的是，他竟将我安排到了写字楼，担任人事部副经理，并鼓励我多在公司走动，熟悉各个部门的业务，等等。

这是我始料未及的，我甚至高兴得有些手足无措了。当我到人事部向经理报到的时候，我还是按捺不住心中的好奇，向人事部经理询问道："事实上我感到非常奇怪，这个喜讯来得实在是太突然了……可为什么是我呢？"

经理笑道："我知道你写得一手好文章，不过显然，我们公司并不缺少这方面的人才，总经理对你的提拔也并非这个原因。如果非要说的话，那是因为你肯将别人都不愿意做的那些事情做好，单凭这一点，我想你便能够胜任这个职位了。"

我一直牢牢地记得那句话，同时也一直将它奉为我行事的准则。这个世界上有许许多多必须要做的事情，有的事情看似大有裨益，所有人都争着抢着去做；而有的事情呢，似乎对你的人生毫无帮助，但这些事情也总是需要有人去做。到最后我们会发现，那些去争抢"好事"的人未必能够得到什么好处，而那些愿意吃苦吃亏的人，往往能从中获得人生宝贵的财富。成功从来都是没有捷径的，但它有一个秘诀，就是去做别人不愿意做的事。

直指人性弱点的激励方法

强权和压迫永远无法使人心悦诚服，当你希望某个人去做某件事的时候，实际上只有一种方法最管用：设法让他自己想去做这件事。这个方法听上去似乎有些匪夷所思，但其实你只要能够掌握人性的特点，就会知道，适当的激励正是达到这一目的的最佳途径。

◎ 请将不如激将

要想成功，你必须学会调动别人内心深处的积极性，让他们发挥潜能，你必须"给他们的油箱加油"。

激励有一种很强大的能量，不仅可以影响别人，也可以改变我们自己。在生活中比我们有天赋的人数不胜数，比我们有毅力的人也比比皆是，难道我们就这样一无所长却又不主动去改变现状吗？

其实，每个人的大部分能力与才华都潜藏在我们的意识深处。我们并不是像自己想的那样一无是处，只是我们所看见的成功者比我们更善于激发自己的才能。那些碌碌无为的人注定做不出什么成就，因为他们不懂得主动去挖掘自己的潜能，只会机械地完成别人的指令，结果白白地浪费了自己的天赋。

美国西部某市有一个铁匠，他没有接受过良好的教育，却在人生的后半段通过不懈的努力成了一位著名的法官，以学识渊博广受称赞。如此巨大的转变是从何而来的呢？说来也非常简单，他只是偶然听到了一场名为"教育的价值"的演讲。这次演讲激发了他的远大志向，并且让他为了实现自己的梦想而发掘自身的潜能，最终有所成就。

拥有类似经历的还有一位女佣，她几十年如一日地为一位大画家服务。直到有一天，大画家去世了，她开始着手自己画画。这位女佣一夜成名，作品卖出天价。她为什么开始画画呢？因为画家临死之前对她说："你帮了我这么多年，也看到了我这么多年是怎么画画的，你的水平应该也比我差不了多少了，不如自己画来试试。"

如果不是跟随了一位画家几十年，她可能永远都不知道自己在画画方面有惊人的天赋，如果不是画家临终的鼓励，她可能永远都不会拿起画笔，而是只能作为一名女佣继续生活着，世界上也就少了一位艺术大师。

如同这位女佣一样，我们体内可能也有着没有被激发的才能。那么究竟怎样才能激发自己的潜能呢？其实并不难，或许是听到了一场激励人心的演讲，或许是读了一本富有启发意义的书，或者是得到了身边的朋友不经意的一次鼓励。

翻看印第安学堂毕业相册上的照片，我们能看到很多眼睛里闪烁着智慧光芒的年轻人，他们意气风发，拥有雄心壮志，让人不难预想到他们未来会开拓出一番伟大的事业，但是不少人回到他们的部落以后就销声匿迹了。如果你有幸在他们的部落碰见他们，那么你会发现他们已经全然没有了当年的样子，不仅是知识，甚至连学过的基本的礼仪也全都抛在了脑后。

他们很明显是拥有潜能的，但是他们所在的地方不能激发出他们的潜能，只能让他们被无辜地埋没。

人类的潜能是巨大而可怕的，母亲为了救孩子可以掀翻几吨重的汽车，或是可以接住从高楼不慎掉落的孩子。这些事情平时不可能做到，但是在危急的时刻可以想都不想，轻而易举地做到。这种力量并不是从别的地方来的，而是一直就潜藏在我们的身体里面。只要我们善于激发自己的潜能，我们或许会变得无所不能。

激励自己，发挥自己的潜能固然重要，但是人终究会遇到力不能及的事情，不可能所有事情都靠自己来完成。有的时候，依靠别人的能力可以让我们更好地达到自己的目的。但是我们身边总不可能随时聚集着各方面的人才，这个时候，我们就需要给予他人激励。

一次心理测试，要求七十位心理学家说出管理人员必须懂得的人性当中最关键的东西，其中 65% 的人说是"积极性"。积极性就像是油箱里的汽油，没有汽油的车是跑不动的。只有很好地调动他人的积极性，才能领导别人，否则就只能指望自己全知全能了。

调动他人积极性最好的方法无疑是赞美与鼓励。每个人都希望自己的优点和成绩可以被人看见，这些优点或是如同样貌、才智一样与生俱来，或是像某种技术一样通过努力学到，而赞美后者能更加有效地调动人们的积极性。

南加州大学的篮球教练丁克威在这方面就是佼佼者，他特别擅长激励别人。在他长达三十九年的执教生涯中，培养出了二十一位国家级运动员，带领球队赢得了全国冠军，球队中还有十三名世界纪录保持者。

除了这些成绩，他挖掘他人长处的故事也被人津津乐道。

有一年，丁克威带队参加太平洋区的田径比赛，队员们在个人赛中纷纷失利，队内一片愁云惨雾。下一场是接力赛，队员们都不是很擅长，士气非常低落。丁克威把参加接力赛的四名队员召集到了一起，决定给予每一位队员真诚的鼓励。

他对第一名队员说："你的爆发力很足，只要你努力，一定会超过其他队的队员。"他告诉第二名："你障碍赛那么厉害，现在只是在平地上，你一定会跑得更快。"他对第三名说："你是中长跑运动员，现在只跑你平时路程的四分之一，你只要拼命地冲刺就可以了。"他告诉第四名："你是队里唯一有接力赛经验的选手，证明给他们看，你是最好的。"四名队员受到鼓励，都拼命地跑，果然在接力赛中赢得了冠军。

如果没有丁克威的激励，就没有运动员们的成功。但是激励他人的效果并不仅仅如此。发自内心、真诚地激励他人，会让你的人际关系更加顺畅，激励你的家人会让你的家庭更加和谐。

◎ 竞争是最好的激励

当竞争存在时，为了更好地生存发展下去，惧者必然会比其他人更用功，而越用功，跑得就越快。

平时跑步不快的人，在比赛当中往往会发挥出比平时练习时更好的水平。在计算分数的竞赛中，参与者的表现也远远要好于在不计分比赛中的表现。这是为什么呢？因为求胜心理会激发人们的潜能。

激励人的方法有很多，正面的鼓励和赞美固然很好，但是有时候达不到理想的效果，那么可反其道而行之，采用激将法或许可以获得成功。

人人都有自尊心，或多或少。当自尊心面临伤害的时候，人往往会爆发出更大的潜能。

斯瑞德先生的一家分厂的产品生产量总是低于其他工厂，这个分厂的负责人想尽办法也无法让工人的工作效率有所提高。当斯瑞德先生亲自来到这家工厂巡察的时候，他问负责人："你都用什么方法来激励工人呢？"

负责人回答说："我经常鼓励他们，给他们积极的暗示，我不会批评他们，也很少命令他们，但是他们就是不肯更加努力。"

斯瑞德没有多说什么，在临下班之前，他当着所有工人的面问："你们今天总共完成了多少任务？"

"6个。"工人代表回答。

斯瑞德什么都没说，他拿起一支粉笔在黑板上大大地写了个数字"6"，然后就转身离开了，但工人们并不明白是什么意思。

第二天早上，工人们发现黑板上的数字不再是那个"6"，而是一个大大的"7"。工人们一问才明白，这个"7"就是夜班工人的工作量。

这个"7"让白班的工人感受到了巨大的压力，为什么大家工作时间相同，晚班的那些人却做得更好呢？难道他们比我们更强？不服气的白班工人开始加倍努力地工作，以此来证明自己并不比晚班的工人差。他们下班的时候，昨天的"7"已经变成了一个大大的"10"。

就这样，两班的工人互相竞争，谁也不肯承认自己比别人差，工厂的产量很快就追上了其他的分厂，甚至最后还成了所有工厂中最高的。

当你称赞一个人的时候不妨稍微夸大一点儿。为了配得上你的称赞，他一定会加倍地努力。

作为一个大国，美国的犯罪率一直居高不下，因此美国建立了众多的监狱。其中一个监狱有个很好听的名字，叫作"星星"，这里关押的都是有严重暴力倾向的重刑犯，他们在监狱中并没有改过自新，打架斗殴的流血事件几乎每天都在发生。星星监狱恶名昭彰，几乎没有人愿意去那里担任管理人员，而典狱长更是每个月都要换一个。

州长史密斯先生决定派遣一个有能力和勇气的人来担当典狱长，便找到了他的老朋友劳斯。史密斯一见到劳斯就开门见山地问："老朋友，你愿意去做星星监狱的典狱长吗？"

劳斯的脸上马上就现出了为难的神情。他早就听说过星星监狱的大名，对于去那里工作觉得十分为难。

史密斯看着拒绝的话随时会脱口而出的劳斯，又加上了一句："你有压力也是正常的，毕竟没有足够的能力、经验的人是不能管好星星监狱的。"史密斯这句话十分巧妙，让劳斯两头为难。如果他硬着头皮接下这份工作的话，他不确定自己是否能够管理好星星监狱；但是如果他不接下这份工作的话，没有能力的帽子怕是就要落在他的头上。

最后劳斯还是选择了接下这份工作，他面带骄傲地表示，他完全能够胜任这份非常需要能力的工作。

后来劳斯在星星监狱大获成功，他将星星监狱管理得井井有条，成了这座监狱历史上最著名的典狱长，还出了畅销书《星星两万年》，用来讲述他在星星监狱的故事。

优胜劣汰是自然界不变的铁律，丛林法则是隐藏在一切秩序下的根本法则。竞争的存在就是为了保持进步的动力，保持组织的活力。一个公司，如果人员长期固定，就容易缺乏活力。只有增加竞争——无论是竞争岗位还是竞争加薪的名额，员工们才会更加有紧迫感，更加努力地工作。不仅是为了去争夺那顶尖的位置，更是怕自己成为被淘汰掉的那个。企业与企业之间的良性竞争同样会让双方走得更远，如果没有敌人，为自己创造一个假想敌也是非常必要的。

生于忧患，死于安乐。"鲶鱼效应"告诉我们把一条鲶鱼放在沙丁鱼群中可以保持沙丁鱼的活力，减少其死亡。在工作当中我们也需要这样一条"鲶鱼"，无论它是对手，还是朋友，只要存在竞争，就可以变成最好的激励，让人努力拼搏，奋力向上。人们拿出自己最大的努力，发挥自己最大潜能的时候往往是为胜利而拼搏的时候。当赞美与夸奖无法起到预期的效果时，不妨加入一些竞争，给予一个有挑战的目标，这样才能起到激励的作用。

◎ 称赞他人，成就自我

称赞他人，是对别人精神上的激励。称赞对于被称赞者来说，是一种激励，它能点燃被称赞者自信的火炬，使其迸发奋进之力。任何人在成长过程中，都渴望别人的称赞。

每个人都喜欢被称赞，只有得到了他人的肯定，尤其是上位者的肯定，才能切身体会到自身价值的提高。被重视、被尊重、被肯定，这些树立了人们的信心，使人们在事业上勇往直前。所以我们在生活中不要吝啬自己的赞美，要学会将称赞的语言脱口而出，变成一种有效的工具。

心理学家赫洛克曾经做过一个实验，他把受试者分成四个组，并且让他们在不同的情况下完成工作。第一组遭遇的情况是每次工作之后都会受到表扬和鼓励；第二组碰到的情况是每次工作之后都会受到严厉的训斥；第三组是让他们看着第一组的人被表扬，第二组的人被骂，但是他们本身不会获得任何评价；第四组与其他三组完全隔离，同样不会获得任何评价。

最后的实验结果非常出人意料，不受任何影响的第四组是工作成绩最差的那一组，被表扬的第一组和被训斥的第二组的工作成绩都优于被忽视的第三组，而成绩最好的是不断受到表扬的第一组。

这个实验说明了工作的时候经常表扬他人，能够提高工作效率和工作质量，而批评也会起到一定的作用。最差的就是不对工作进行任何评价。

彼得·巴勒是一名马戏团的驯兽师，当小狗做了某个特定的动作时，只要有所进步，他都会上前抚摸小狗，并且奖赏些吃的给它。这种做法颠覆了以前一手胡萝卜一手大棒的训练方式，却取得了显著成效。因为依靠惩罚来驯兽虽然短期内也会得到成效，但是受驯动物经常会情绪低落、沮丧，甚至无故出逃。只有通过不断的奖赏、称赞，引导它逐渐达到你的要求，才是正确的训练方式。

不光动物如此，人也是一样的。艾尼丝·肯特太太聘请了一位女佣，她打电话给以前的雇主询问她的情况，结果对方表示这个女佣缺点比优点多得多。面对这种情况，肯特太太并没有辞退那名女佣，反而把她叫来说："我打电话问了你前任雇主一些关于你的情况，她说你为人老实可靠，厨艺精湛，唯一的缺点就是不擅长整理房间。我想你有那么多的优点，不可能整理不好房间的，你一定会把家里收拾得井井有条。"

结果女佣真的每天工作非常勤奋，把家里打扫得干干净净。

只要肯定对方的能力，给予高度的评价，对方一定会乐于将自己的优点展现得淋漓尽致，将自己的缺点加以改正，无论老少、男女，还是贫富。穷人固然急切地想要证明自己，但富人也不落人后。

查尔斯·施瓦布是卡内基亲手提拔的美国钢铁公司第一任总裁，并且年薪高达一百万美元。施瓦布有一句名言："我在世界各地见过许多大人物，但是无论他多么伟大、地位多么崇高，当他在得到赞许的情况下工作时，总是会比在被批评时更出色，成就也更大。"

身为一名钢铁公司的从业人员，他并不懂钢铁制造，但是很懂人心，这是他得到百万年薪的原因之一。他与人相处的本领极强，尤其能够把员工的精神鼓舞起来，这就是他最大的资本。而他让一个人发挥出最大能力的方法，就是用称赞去激励员工。他很少挑错，或批评别人，他说："再没有什么比上司的批评更能抹杀一个人的雄心。"

鼓励、赞赏和肯定可以让一个人的潜能得到更多地发挥。如果能在对方每一次进步时都给予鼓励和肯定，那么每次都会使对方获得成就感。

法国名人拉罗什富科说："理智、美丽和勇敢的称赞提高了人们，激励了人们。"马克·吐温也说过，得到一句得体的赞语可以让他陶醉三个月。由此可见，不管是名人还是普通人，在生活中都期望得到他人的称赞，都渴望自己付出的努力获得肯定。而运用赞美来获得人心，往往只是一句话的事情。

福特汽车公司的总裁皮特森则把称赞员工变成了一种习惯。他每天都会写字条称赞员工，他认为：作为管理者，每天最重要的十分钟，就是你花在鼓励员工方面的时间。员工的潜能得到了充分的发挥，那么你的事业必定会更加成功。称赞员工可以提高员工的积极性，增强员工的自信心。在员工的工作与生活中，任何鼓励的行为、激励的话语，都会激发员工的上进心，甚至可能会改变员工对工作的态度，为企业创造更多的收益。

赞美他人，是对他人精神上的激励，能够点燃被赞美者自信的火炬。任何人都离不开赞美，都渴望得到他人的赞美。同事之间互相赞美，可以改善办公室里的人际关系；夫妻之间互相赞美，可以加深感情；上下级之间互相赞美，可以增进信任，互相协调，更好地展开工作。

艾米和詹斯两个员工闹了矛盾。一天艾米对她的同事瑞伯特说："你去告诉詹斯小姐，我实在忍受不了她了，除非她改掉自己的坏脾气，不然我都不会再理她了。"瑞伯特先生说："好，我会帮你转告她的。"

当艾米再次遇见詹斯小姐的时候，詹斯不再那么盛气凌人了，甚至主动跟艾米打了招呼，友好地寒暄了几句。在以后的日子里，詹斯小姐一直保持着和气又有礼貌的样子，与以前相比简直判若两人。

艾米对瑞伯特表示谢意，她当时的话也不过是在气头上随口说说，没有想到瑞伯特有这样的魔力，居然真的说服了詹斯小姐。她好奇地询问瑞伯特到底是怎样做到的，瑞伯特笑笑说："我只是跟詹斯小姐说，'有好多人称赞你，说你温柔、善良，人又漂亮，脾气也好'。仅此而已。"

称赞是最有效的鼓励方法，而且成本也小。既可以给予他人勇气与信心，又可以让自己收获到好人缘，何乐而不为呢？

◎ 以表扬、鼓励代替批评、惩罚

"良药苦口利于病，忠言逆耳利于行"，这句话被众多的人所信奉。但是良药如果不苦口不是更好吗？同理，如果用好听的忠言来代替逆耳的忠言效果是不是会更好呢？

当我们与人发生矛盾或者他人影响到我们利益的时候，我们很容易因为一时的恼怒而激烈地指责对方。殊不知在这种情况下，愤怒的指责并不能解决问题，反而会让情况越来越糟。

历史上因为批评而带来反效果的例子不胜枚举，其中美国总统西奥多·罗斯福与塔夫脱之间的那场闹剧是非常著名的。

1909 年，当罗斯福总统期满卸任后，塔夫脱便接替他成了美国新一任的总统。罗斯福对于新总统的一系列政策十分不满，他公开指责塔夫脱墨守成规、毫无作为，根本配不上共和党的进取精神。他甚至扬言要组成一支新的党派，与塔夫脱竞选总统。共和党有人支持罗斯福，有人支持塔夫脱，一时之间分裂成为两派，互相抨击、指责。长期的内部矛盾导致共和党没有足够的精力与时间去筹备总统连任的事情。结果在随后到来的总统大选中，共和党一败涂地，只获得了两个州的支持，迎来了建党以来最惨痛的失败。

当罗斯福指责塔夫脱的时候，塔夫脱做了什么呢？他没有去改变现状，也没有按照罗斯福的意思进行妥协，他只是委屈地为自己进行辩解。这些指责除了坏事外，还起到了什么作用吗？

人们面对批评时，最本能的行为就是为自己辩解，为自己开脱，这是出于一种保护自己的需要。当这些批评过于严厉，甚至达到了伤害他人自尊、自信的时候，对方甚至会反唇相讥。人性的弱点就是要将错误归咎于别人，而不是责怪自己，每个人都不能例外。所以当你想要指责他人的时候，先想想究竟这些指责会为自己带来什么，如果你觉得指责不能给你带来想要的东西，那么请把批评的话留在自己的心里。

查尔斯·狄更斯是位伟大的作家，他的作品幽默辛辣，令人回味无穷。但是他走上写作这条道路的过程是非常艰辛的。那时候他的父亲正在坐牢，家中负债累累，年轻的狄更斯经常连饭都吃不饱。他的工作是在一间又脏又乱的货仓里为鞋油贴标签。就是在这个时候，他萌生了靠写作改变自己命运的念头。

一开始狄更斯对自己并不自信，为了避开他人的目光，他的第一篇稿子是在半夜里悄悄寄出去的。稿件一封一封地被退回，他感觉自己距离成功很遥远，但是他坚持了下去。究竟是什么让不自信的狄更斯有勇气去不停地写别人眼中的"蹩脚笑话"的呢？只是因为在退回的稿件中，一位编辑夸奖了他，认为他现在虽然还不成熟，却拥有写作的天赋。就是这样一个无意中的嘉许，让世界上多了一个伟大的作家。

我相信，如果这个编辑接到狄更斯的稿件后不是给他鼓励，而是细数他的稿件究竟有多少问题，那么狄更斯未必会这样坚持下去。那么在你的生活中，如果你处在这个编辑的位置会怎么做呢？你的孩子、爱人或者下属，当他们做得不够尽善尽美的时候，他们更多的时候需要的是你真诚的鼓励，而不是你的批评。

恰如其分的表扬可以开出美丽的花朵。

约翰·卡尔文·柯立芝在1923年当选为美国总统。他与美国其他的总统不同，是个非常沉默寡言的人，有人还给他起了个绰号，叫作"沉默的卡尔"。他的女秘书是个非常漂亮的女孩，但是工作的时候经常犯年轻人常有的毛病——粗心大意。一天早晨，柯立芝看见秘书走进办公室，就对她说："今天你穿的衣服真漂亮，正适合你这样年轻漂亮的小姐。我相信如果你努力一点儿，你的公文处理得会和你的长相一样漂亮。"

得到称赞的秘书受宠若惊，柯立芝的称赞让她树立了自信，从此女秘书在工作方面就很少出错。如果女秘书出错的时候，柯立芝给了她无情的批评，恐怕这位女秘书干不久就会辞职了吧。

指责是一把双刃剑，有时候指责别人最后受伤的可能就是自己。那些被批评、被指责的人，为了保护自己，证明自己是正确的，往往会反过来指责我们，甚至恼羞成怒，做出失去理智的事情。这种情况下，我们不仅得不偿失，还会将自己置于危险之中。

美国最伟大的总统之一林肯拥有传奇般的成功，但是通过我对他进行的详细的研究，发现他虽然成年后极少批评他人，但是年少轻狂时经常看不起别人，甚至会写诗讥笑别人。

1842年秋，林肯在当地报纸上刊登了一封匿名信，在信中他言语恶毒地讽刺一位名叫希尔兹的爱尔兰政客。希尔兹看到这封信之后暴跳如雷，发誓一定要让写这封信的人付出代价。果然在希尔兹查到写匿名信的人是林肯以后，立即表示要跟林肯进行决斗，林肯没有办法，只能硬着头皮赴约。就在两人准备拼个你死我活的时候，有人出面调解，取消了这次决斗。林肯从中得到了深刻的教训，此后他再也没有对他人表达过羞辱和讥讽。

你有希望过改变你朋友和你亲人的人生态度、价值观吗？可是我们为什么不干脆先从改变自己开始呢？与其去批评指责别人，不如改变自己，这样才能让自己获得更多的益处。

心理学家鲍勃曾经说过："当一场争辩是因自己而起时，你要知道，你自己已经偏离了正轨。"

如果你想要一个仇人，一个到你死去都不肯原谅你的人，那么你就尽情去指责、批评他人吧。但是如果你不想要那样的恶果，那么请你忍耐那些伤人的话。人与人的交流大多时候是建立在感性之上的。哪怕对方知道你是为他好，但是难听的话语也不会让对方觉得愉悦。只有愚蠢的人才会一直批评、指责他人，而聪明的人更多的是去宽容和理解。控制自己的脾气，提升自己的人格魅力，才有可能取得更大的成功。

◎ 领导的激励是"金口玉言"

激励会不自觉地产生更高的行动标准，让梦想和现实之间架起一座桥梁，每个人都很享受别人对自己的激励，因为这意味着自己的价值得到承认。

人人都有一颗追求完美的心，在工作上也是如此。但是人与人又不是完全一样的，无论是教育背景、工作经验、生活环境还是其他方面，这必然会造成每个人对事物看法和理解的差异。这种矛盾很少出现在同级别的员工之间，但在上下级间最容易出现。

一个超乎事实的美名往往会变成灰姑娘故事中的魔棒，点在员工的身上会让他从头到尾焕然一新。

身为一个领导者，要怎样才能让员工满怀热诚地去完成你交代的工作，而不是因为你的命令勉强去做呢？如果换位思考，就会发现只有当员工乐于完成你安排的工作时，才会更好地达成目标。

所以，采取强硬的手段，比如解雇、降薪等，虽然也可以在短时间内让员工拼命去工作，但是长期使用会激起员工内心的反感与强烈的抱怨。

如果一个员工从尽职尽责走到对工作敷衍了事的地步，那么你用解雇作为威胁是没有用的，解雇他反而可能失去了一位不可多得的人才。这个时候正面的激励会起到更好的效果。

亨利是一家经销商服务部的经理，他的公司里有一个工人做事每况愈下。亨利并没有责骂他或者解雇他，而是和善地把他叫到办公室来面谈一下。

他说："比尔，你是个非常棒的技工，你在这里也工作了好多年了，你修理的车子顾客非常满意，很多人赞美你的技术精湛。但是最近你工作的效率越来越低，质量也有所下降，这不是你应有的水平。你以前是个杰出的工人，但是我对你现在的情况不是很满意。我们来试着一起改变这个情况吧。"

比尔表示他并不知道自己的效率下滑了，他向亨利保证他依然胜任这份工作，并且很快就可以恢复到原本的水平。结果比尔真的很快就恢复到了过去的水准，亨利的激励功不可没。亨利的鼓励就是"金口玉言"，让比尔的工作变得越来越完美。

　　一个领导者能够不断地取得卓越的成就，与优秀的员工是分不开的。但是如何让员工变得优秀是领导者的责任。始终保持对员工的激励可以让员工提高对自己的要求，让梦想与现实之间架起一座桥梁。

　　领导对属下的激励就是"金口玉言"，你的激励说明了他所具有的缺点本是他不该有的，他所犯下的错误是他所不该犯的，他本身的价值要更高，他的能力要更强，他可以做得更好。领导说的话更是他将来能否升职、加薪的权威观点，为了在领导的心目中树立起良好的形象，员工们会更加地努力，做得更加出色。

　　不少领导觉得激励员工是一件很困难的事情，身份上的差距令双方相处的时候气氛略显尴尬。其实激励员工并没有那么难，拍拍员工的肩膀，表达自己的友善，对员工的能力进行肯定，这些都是轻而易举就可以做到的。自己没有损失，也可以让员工受益。所以，身为一个领导者，如果可以学习一下如何激励员工，让自己的水平更上一层楼，那将会是受益无穷的。

　　西门子冰箱部门拥有出色的员工，他们能够给客户非常优秀的产品和服务。西门子冰箱的领导者们根据不同的员工制定了不同的鼓励措施，帮助员工扬长避短，让人才不断成长进步，最终取得成功。

　　西门子冰箱的领导者非常注意管理艺术，认为领导者自身的能力与管理技巧是调动员工积极性、留住人才的重要因素。西门子冰箱的领导者认为，一名出色的领导者应该达到知识、经验、能力三方面的要求。知识方面主要指的是商业运作知识、业务流程知识和专业知识；经验方面主要是指项目管理的经验、领导员工方面的经验等。能力方面则包括四大方面的十七种能力，如沟通能力、计划能力、组织能力、学习能力、分析能力等等。

　　他们非常重视激励员工，给予员工充分的信任，并且千方百计地为员工实现目标排忧解难。他们用授权、对话、承诺等方式激励员工。他们明白对话与承诺都是双向的，但是这一切都是以激励为基础的。如果没有激励这块基石，那么那些业务部门、职能部门都会像是没有地基的房屋一样摇摇欲坠。这样成熟的上下级关系使领导和员工就像是亲密无间的战友一般。

我撰写的《人性的弱点》《人性的优点》《人性的光辉》等书都成了畅销书，在这些书里我不止一次地指出，在为人处世的基本技巧中"表现真诚的赞扬和激励"是非常重要的。人类的潜能十分巨大，人表现出来的往往只有10%~30%，剩下的潜能都没有发挥出来。而身为一个领导者，最重要的任务就是开发员工的潜能，而开发员工潜能最好的方法就是激励。

我观察到，在工作当中受员工爱戴、工作成绩出色的领导者往往都是使用激励方法的大师。他们运用引导式的语言，让员工朝着自己的目标前进，让员工对工作充满热情。

公司要求一位设计人员修改产品设计图，老板是这样说的："约翰啊，你看你设计的东西，根本不符合客户的要求啊。这样的东西谁会要？做设计的时候脑子里究竟在想什么？给我拿回去重做。"这样说话，员工一定会满心怨愤，甚至会破罐子破摔，消极怠工。

但是如果老板这样说："约翰啊，你设计的东西不错，看来是用了不少心思啊。观点鲜明，简洁大方，创意也很棒。但是好像少体现了一点儿客户的需求，如果再加入一些客户的需求就完美了啊。你能不能辛苦一下，把这个东西尽快修改一下呢？好好干，我相信你肯定能做得更好。"这样，员工肯定会拿出十二分的努力，做出一份更好的东西给老板的。

领导的激励往往比别人的更有效，就像小孩子往往会更听老师的话，而不是家长的话一样。如果你是一位想在领导艺术上有所成就的人，那么就改变你与员工交流的态度和方式，用一点儿"金口玉言"般的激励之词，让员工更加努力奋斗，变得更加优秀吧。

◎ 信任他人就是对他人最大的激励

> 信任，是人们进行交往的基本前提。如果没有信任，无论人们表现得多么和蔼、友善，也是无济于事。

西方著名心理学家曾经做过一个关于信任的实验。受试者被分成四个组：第一组是控制组，不被施加任何激励，只是被简单地告知需要完成的任务和操作方法。

第二组是挑选组，该组的人被告知他们是经过挑选的，他们的能力相比其他组更为出色，他们出的错误应该最少。

第三组是竞赛组，他们被告知实验结束后要按照误差数量评选最出色的小组和最差的小组。

最后一组是奖罚组，他们被告知如果没有出现工作失误就会得到奖金，但是如果出现错误就会被罚款。

实验的结果令无数经验丰富的管理人员大跌眼镜。他们一直看好竞赛组和奖罚组，认为重赏之下必有勇夫，而竞争也会调动人的自尊心，使人更加上进。但最终获得胜利的是第二组，挑选组。

根本原因是第二组的人得到了良好的信任，他们受到了正面积极的鼓励，认为自己比其他人更加出色。

由此可见，单凭业绩考核、奖优罚劣与业绩排名、末位淘汰虽然也可以很好地激励员工，但是给予员工更多的信任可以收获到更好的效果。因此，领导不必担心给了员工过多的信任员工会自作主张、弄巧成拙。如果能多给员工一些信任，他们必定会更加充满热情地接受富有挑战性的工作。

在这样一个人与人互相怀疑、猜忌的时代，在这个信任如此珍贵的时代，适当的信任会像一缕阳光照亮人的心房。信任一旦遭到破坏，就好像一张被揉皱了的纸，永远不会被抹平。我个人认为诚实守信是一切人际关系的基础，也是赢得他人好感的前提。忠诚、患难与共、同舟共济的感情，是人类关系中最美好的一种。

在英国曾经发生过一件令人十分感动的事情。在英国南部的一座监狱里，典狱长的夫人每天都会到监狱里面去。当犯人自由活动的时候，她的孩子就跟犯人一起玩耍，她也会跟犯人聊聊天。监狱里的看守们都提醒她这些犯人有的手上有着好几条人命，要注意提防着点儿。但是她没有在乎，她表现得一点儿都不担心。

她信任这些犯人，她表现出来的一切言行都是真诚而又善意的，犯人们喜欢她，他们可以与她平等地交谈、说笑。直到有一天，典狱长的夫人病故了，消息很快就传遍了监狱。犯人们自发聚集在监狱的门口表示哀悼。典狱长看见这些犯人的样子，就把监狱的大门打开了。犯人们排着长队来到了停放遗体的地方，去跟她做最后的道别。在没有高墙、电网的约束下，也没有太多拿着枪的看守进行监督，犯人们没有一个想要逃跑或者做其他出格的事情。告别仪式结束后，他们有秩序地回到了监狱里。

典狱长夫人给予犯人们信任，犯人们回报以尊敬。典狱长给予犯人们信任，犯人们回报以诚信。这些激励让犯人们安分守己，不再做出格的举动。时至今日，我想起这个故事依然被感动得热泪盈眶，这就是信任的魅力所在，这就是信任的力量。

激励，是最简单、最持久、最有效、最"廉价"的，但是想要做到这一点并不容易。老师赢得了学生的信任，学生与老师之间就不再有秘密，教育就一定会成功。医生如果取得了病人的信任，病人就会对他们敞开心扉，医生才能够更好地进行治疗。

从心理学的角度来说，信任激励是对期待效应的一种运用，也称为皮格马利翁效应或者罗森塔尔效应。通常是指在人际交往当中，一方较高的希望和赋予的充沛感情可以引起另一方深刻的变化，令对方向自己期待的方向发展。信任，对于员工、孩子、朋友而言，是一种最好的激励，而对于自己来说则代表了一种能力。

这种能力首先体现在敢于放权。很多企业的老板、政府官员甚至父母，事无巨细，都要亲力亲为，这正是因为他们不相信自己的下属、儿女。因为不信任他们的能力，所以不敢赋予他们权力。不管事情大小，他们都要一把抓在手里，结果自己劳神费力，下属和孩子也不能得到成长。

其次要有胸怀包容他人。管理者经常会说自己不信任员工的理由是员工能力不足，不能让管理者称心如意。但是反过来想一想，是否自己对员工的要求太苛刻了？能力越大的人，往往在性格方面都有些特立独行，如果管理者能够容忍员工一些特别的性格，善于运用每个员工的优点，让他们各展所长，那么企业必将蒸蒸日上。

美国一位学者曾说过：你可以买到一个人的时间，你可以雇用工人到一个固定的工作岗位，你可以买到按时间计算的技术操作，但是你买不到他们对工作的热情，买不到全身心的投入，买不到员工的创造性，你只能用其他的方法来争取这些。管理者给予员工信任，就相当于替员工许下了"我能够胜任这项工作"的承诺，并且是得到了上司允许的承诺。这样，员工会自发努力，以不辜负领导对自己的信任。

管理是一门艺术，而信任则是这门艺术中最高深的技巧。只有建立在包容与放权之上的信任才是真正的信任，否则信任就只是一张无用的空头支票，并不能激发员工内心的工作热情，更不能让员工发挥自己的创造力。

多给予身边的人信任，才能让工作的环境更加美好。用信任来激励员工，才能最大限度地发挥员工的潜能。你完全信任你身边的人吗？你愿意生活在一个互相信任的环境里，还是生活在一个互相怀疑的环境中？在这两种不同的环境中，你的感受会是怎么样的？你又会得到什么样的成长？

第六章 CHAPTER 6

友好争取，和平征服

　　几乎没有人喜欢别人用强硬的态度对待自己。强硬或许可以让对方因迫于压力而勉强执行你的命令，但在做事的过程中，想必不会拼尽全力。想要征服人心，就要抓住人性的特点，把握交流技巧，只要运用得当，和风细雨的劝说往往比雷霆震怒的命令更具威力。

◎ 暗示而非明示他人的错误

当别人犯错的时候，我们应给予宽容和理解，设身处地地为他人着想。尤其是在指出错误的时候，一定要顾全他人的尊严，尽量以暗示而非明示的方法。

在生活中，当我们发现别人犯错的时候，常常会毫不客气地指责道："这是错的。"殊不知，当我们以这种直接的方式指责别人时，我们自己实际上也犯下了错误。当面指责别人的错误，这是一种极其不留情面的做法，很可能会使对方的自尊心受到伤害，从而对我们产生怨愤，甚至可能对以后的关系产生长久而消极的影响。

在与人交往的过程中，我们应该懂得考虑别人的心情，即便道理掌握在自己手中，为了顾及对方的自尊心，也应该尽量以暗示的方法来提醒对方，而不是在大庭广众之下公然指责别人的错误。

身体受到的伤痛可能持续一阵子，但心灵受到的创伤可能持续一辈子。对于这种心灵上的伤痛，我深有体会。

那是我年轻时候的事情了，那个时候的我正处于年少轻狂的时期，总是希望不论做什么事都能给别人留下深刻的印象。正是在这样一种欲望的驱使下，我写了一封信给当时在美国文坛上非常引人瞩目的理查德·哈丁·戴维斯。

在我给戴维斯写信之前不久，我收到了一封信，信的末尾有这样一行附注："此信乃口授，并未过目。"有这样一个附注，说明写信者非常忙碌，以至于甚至抽不出时间来亲自写这封信。

当时，为了给戴维斯留下深刻的印象，我灵机一动，将这个附注原封不动地也在写给戴维斯的信上写了一遍。实际上我一点儿也不忙，而那封写给戴维斯的信也绝对出自我的手笔，留下那样的附注，不得不说有一种"哗众取宠"的心态在其中。

几天后，我收到了一封信，来自戴维斯。我怀着极其惊喜的心情打开了信封，却发现戴维斯原来只是将我写给他的信给退回来了，根本没花心思给我回信。抽出信后，我突然发现，在信的背后，还有一行龙飞凤舞的字："你表现出了极其恶劣的风格。"

看到那行字的一瞬间我顿时傻了，面对这样直接而赤裸的指责，我感到无地自容，同时也非常恼怒。这种情绪甚至一直持续到十年后戴维斯去世的时候，当我听到这个消息，我脑海中浮现出的第一个记忆依然是曾经受到过他的伤害。

事实上，当时我确实做错了，他的指责也无可厚非。但这过于直白的指责，却实实在在地伤害了我的自尊心，致使我与他之间产生了一道无法打破的隔阂。

我时常在想，如果当时他能够对我稍微宽容一些，用暗示的方式而不是如此赤裸直接的指责来指出我的错误，或许我便不会对他生出这种记恨的情绪，或许在我意识到自己的错误之后，我将向他道歉，我们在未来或许能够有一段和谐美好的相处时光。而这一切已经来不及了。

　　每个人都有自尊心，在面对别人的错误的时候，直接的指责就如同一把利刃，将会伤害到他们的自尊心。当自尊心受到伤害的时候，即便他们知道自己确实犯了错，也会因恼羞成怒而拒绝承认错误，甚至将这种无地自容的羞愧与恼怒情绪转化为对你的记恨，这样只会让你得不偿失。

　　我的一名学员查理·夏普在这方面就做得非常好。

　　夏普是一家公司的总经理，有一次，他在厂房看到了几个雇员在抽烟，这是违反公司规定的行为，厂房里每面墙壁上几乎都挂有"禁止吸烟"的警示牌。这些雇员在看到夏普的时候都愣住了，一时之间不知道该做出怎样的反应。这个时候，夏普完全能够狠狠地斥责、惩罚他们，但事实上夏普并没有这样做。

　　夏普走上前去，微笑着递给了每个雇员一支烟，随后温和地对他们说道："嘿，各位，如果你们能够将吸烟场所搬迁到外面，我会非常感谢你们的！"

　　显然，雇员们不可能不知道自己违反了规定，见到夏普的时候，他们心中一定是忐忑不安的，他们不知道自己将面临什么样的惩罚。可是夏普不仅没有惩罚他们，反而保全了他们的面子，我想他们的心中此刻只有对自己行为的羞愧，并且之后一定不会再犯相同的错误。

　　试想，如果夏普在看到这些雇员抽烟的时候，利用自己的领导权威狠狠地斥责他们，惩罚他们，那么结果会怎么样呢？他们或许会迫于压力向夏普承认错误，甚至可能写份检讨。但过后，他们也必然会对夏普产生怨恨，这种怨恨有可能会发泄到工作上，致使双方难以达成合作。无论是哪一种结果，一旦这些雇员因此而产生逆反情绪，必定会对工作质量产生不可估量的消极影响。

　　当面对别人的错误的时候，委婉的暗示会激发起对方的羞愧感，同时让他们的良心起作用，一旦这种羞愧感被激起，在良心的影响下，他们必然会主动改正自己的错误，甚至比之前做得更好。要知道，这个世界上，良心就是最好的监督者，我们不可能每一分钟都用权威去监督强迫别人不犯错，但良心可以。

我相信没有任何人是喜欢听从别人命令行事的，即便你拥有崇高的地位或绝对的权威，你的命令也只能获得对方表面上的服从，而要征服他的内心，暗示的力量更加有用。

我们知道，美国军队分为预备役和正规军。预备役的人普遍都认为自己的身份依然是平民百姓，因此在训练的时候并不愿遵照正规军的标准，最为显著的一个问题就是关于发型的争执。预备役认为，他们根本没有必要按照军队士兵的标准来剪短头发，而这也成了每年新的预备役成立时必然会争论的一个话题。

这一年，新的预备役成立了，负责训练他们的是美国陆军第五百四十二分队的长官哈雷。当哈雷接收了这批预备军官时，发型问题再次成了军队训练之前的争论核心，哈雷很清楚，对着这些年轻人大吼大叫是没有用的，历任的长官都曾用过这样的方法，但显然没有取得理想的效果。于是，哈雷决定转换策略。

哈雷来到了这些预备军官面前，微笑着对他们说："各位先生，我想你们都清楚自己的身份，作为新的预备长官，你们将会成为未来的领导者。因此，我非常希望你们能够为士兵们做个榜样。我想你们都清楚军队里对于发型的要求。实际上我今天正准备去理发，尽管比起你们中的很多人来说我的头发要短得多。你们不妨看看自己的发型，是否能够成为士兵们的表率，如果你们认为需要理发的话，我可以提前帮你们进行预约。"

哈雷的话非但没有引起这些预备军官的反抗，反而起到了极其良好的效果，很多人都自愿选择了理发。

人的情绪和弹簧是一样的，当你对它施加强大的压力时，它同样会对你产生强大的反抗力。哈雷正是意识到了这一点，所以他并不打算以权威的力量去压迫这些军官，而是以一种暗含鼓励的语言，激发起他们内心的欲望——成为士兵的表率。

每个人都有自己的意见和坚持，想要让他们按照我们的希望去改变一些东西，就必须要顾及他们的自尊心，而暗示显然是最好的方法。

◎ 把你的意见变成对方的

对于我们自己的意见和观点，与其说给对方听，要求对方接受，不如去引导对方，让对方得出和我们一致的结论。

在生活中，我们总是希望说服别人，让别人按照我们的意愿和计划行事，但事实上，我希望你们认识到一件事情：人是无法被别人说服的，只有自己才能说服自己。

那么，这是不是意味着我们永远无法让对方按照我们的希望去做某件事情呢？当然不是，虽然我们无法直接将自己的观念灌输到别人脑子里，但我们能够通过引导和暗示，一步步让别人得出我们想要的结论，如此一来，我们的意见自然也就成了对方的意见。

我的一个名叫卡尔·本森的学员是一名推销员，他曾经接到过一个向零售商推销阿摩尔公司腊肉产品的工作任务。为了先建立起相互信任的友好关系，本森先是拜访了当地的零售商们，与他们展开了一段友好的交谈，他们从天气聊到了农作物，最后才一步步将话题引至阿摩尔公司以及他们的腊肉产品上。

虽然本森的任务是推销该公司的腊肉产品，但他知道，能够影响到这些零售商购买行为的，只有他们自己的意见，而非本森的意见，如果他们不能认可这一产品，那么即便本森说出这个产品再多的优点，也不可能激发他们的购买欲望。于是，本森决定引导他们，一步步去认可这一产品。

"你们尝试过阿摩尔公司的产品吗？为什么选择了它呢？"本森微笑着向这些零售商抛出了这一问题，他知道，这些人中很多都买过阿摩尔公司的产品。

这些零售商开始轮流发表自己的意见，有的人说选择该公司产品是因为其高质量的保证，有的则是因为其完善的服务。而那些没有接触过阿摩尔公司产品的零售商也纷纷有了兴趣，不断提出一些问题，于是本森开始以回答问题的方式向他们讲述了阿摩尔公司以及其腊肉产品的许多优点。

显然，这次推销比以往任何一次都要顺利并且成功，本森没有大肆宣传阿摩尔公司的产品究竟有多好，但最终让他们认可了阿摩尔公司的产品。因为从头到尾，本森都不曾将自己的意见强加给他们，从他问出第一个问题以后，他所做的只是引导他们去认可阿摩尔公司的产品，并且将选择该产品变成零售商自己的意见，而非是他的强加或说服。

这个世界上，没有任何人喜欢被人强迫，买东西如此，人际交往也是如此。相信每个人都有过这样的体会，在我们尚且年轻的时候，对于父母所提出的意见总是极力反对，哪怕这一意见确实是为我们而考虑，我们也无法心平气和地去执行。人的天性中本就存在着一种逆反的特质，这让我们在面对别人强加的意见时，第一反应就是拒绝服从。因此，想要说服别人，强迫远远不如引导，引导能够将你的意见不着痕迹地变成别人自己的意见，如此一来，也就不会遭到逆反心理的"抵抗"了。

富兰克林·罗斯福总统是我认为最有天赋的政治家之一。在他担任纽约市长期间，一方面和各州议员们保持了良好的关系，另一方面则成功地实施了很多这些议员并不赞同的改革，这是非常了不起的业绩。之所以能够做到这一点，是因为罗斯福总统有一个秘诀。

每次当重要的职务出现空缺的时候，罗斯福总会邀请所有的州议员进行投票选举，但他自己却不会先提出一个人选。一般情况下，第一次选举出来的人很可能是一个非常差劲的"党棍"，即那种利用自己权势作威作福的家伙。这样的人自然不是罗斯福所心仪的人选，在这样的情况下，罗斯福就会告诉大家："我认为他或许是个不错的人，但基于一些事情，恐怕选择他民众很难赞成。"

于是他们会进行第二次选择，这一次很可能会选择一个碌碌无为、无功无过的老公务员。当然，这也不会是罗斯福心中所认定的人选，然后罗斯福会告诉大家："我想这个人恐怕难以达到民众的期望。各位先生女士，你们是否还能够再提出一些适合的人来帮助我呢？"

一般来说，当进行到第三次的时候，他们所选举出的人已经接近罗斯福心中的人选了。之后，罗斯福会对他们表示感谢，并鼓励他们再次提出一个名单。当然，到第四次或者第五次的时候，一个让罗斯福感到满意的人便会被选举出来。于是，罗斯福会在"众望所归"的情况下将这一职务任命给这个人，并对这些议员表示衷心的感谢，同时暗示他们，之所以选择这个人来担任这一职务，完全是大家的意见，而他也充分尊重大家的意见。当然，事实上这个人选早已在罗斯福心中。而罗斯福总统既然"尊重"了这些议员，这些议员当然也要有所回报，对罗斯福总统在之后提出的一些改革措施加以支持。

罗斯福这一做法是非常聪明的，他没有强迫议员们接受自己对官员的任命，而是引导他们一步步去选择了他心中的人选，让议员们产生一种错觉：这是我们自己的意愿。这一做法让议员们感觉到自己受到重视和尊重，作为"回礼"，他们自然也会对罗斯福表示出尊重及支持。

罗斯福总统是这个国家最有权势的人，但他依然表现得谦逊有礼，尽可能地尊重他人的意愿，听取他人的忠告，这正是他深受人们欢迎和爱戴的原因。但更为重要的是，罗斯福懂得：最好的说服就是让你的意见成为他人的意见。

在人际交往中，我们应该时刻记住，任何人都愿意按照自己的意愿而非别人强加的意愿行动，因此，当你试图说服某人做某件事情的时候，请先尊重他的意愿，然后通过巧妙的引导，将自己的意见"植入"对方的思维之中，这才是最有效的说服手段。

◎ 给他人一个好名声

当你希望改变某个人的时候，请记住一条规则：给他一个好名声，让他为此而奋斗努力。

马克·吐温曾说："一句好听的赞语能让我不吃不喝活上三个月。"这种说法当然有些夸张，但也真实反映出"赞语"的巨大力量。没有人可以拒绝他人的赞美与肯定，而这种赞美与肯定往往又能成为激励此人不断努力、不断进步的力量。

利用这一人性的特点，我们在人际交往中，在避免伤害他人的情况下，能够巧妙地"警醒"他人、激励他人。我的朋友汉克先生深谙此道。

汉克是印第安纳州一个大型连锁超市的服务经理，他手下有一个非常优秀的公关人员杰弗里。有一段时间，杰弗里的家庭发生了一些问题，他的妻子带着孩子离开了他。虽然杰弗里一直假装自己没有任何事情，每天按时上下班，但实际上，他的情绪已经非常不稳定了，为此还得罪过不少客人。

杰弗里曾是一名非常优秀的员工，因此汉克对他给予了真诚的理解，并希望在经过一段时间的平复后，杰弗里能够恢复以往的工作状态。但后来，汉克发现，虽然事情已经过去了很长一段时间，但杰弗里显然始终不能找回自己的工作状态，对此，汉克决定和他深入地谈一谈。

面对这样的情况，谈话实际上是难以进行的，从情感方面来说，杰弗里的遭遇是令人同情的，作为他的上司，汉克应该关心他、帮助他。但从工作角度来说，杰弗里的不良情绪已经对工作造成了巨大影响，作为服务经理的汉克必须表明态度，让杰弗里明白自己给公司惹了多少麻烦。

杰弗里的工作能力是有目共睹的，汉克也不愿放弃这样一名优秀的员工，于是汉克决定与他进行一场推心置腹的谈话。

杰弗里来到办公室以后，汉克友善地请他坐下，微笑着对他说："嘿，杰弗里，你知道吗，不得不说你确实是一位非常优秀的公关，你已经为公司工作了许多年，解决了数以万计的麻烦，客户们也都一直对你赞不绝口。你总是那么令人放心，不管发生什么事情，对于工作你总是如此认真负责。不过最近我发现了一些小问题，你的情绪似乎不太稳定，对工作质量也有所影响，这让我感到很忧心，我的朋友杰弗里，你的内心一定备感煎熬吧！到底是什么样的痛苦才能打垮我们的'铁人'杰弗里啊！我希望能与你好好探讨一番，共同找出解决这一问题的方法！"

　　杰弗里对自己近来的工作表现实际上也心中有数，本以为这次会遭到痛斥或面临惩罚，但他完全没想到汉克会对自己说出这样一番充满赞赏和关怀的话，不由得骄傲同时又带着些许惭愧地对汉克说："真的很抱歉，先生，我近来的表现确实糟透了，但请相信我，不管发生什么事情，都绝对不会再影响到我的工作状态了，'铁人'又怎么能被打倒呢！"

　　当杰弗里提到"铁人"这一称呼的时候，汉克看到了他眼中隐隐闪动的自豪与激情，他知道，这番谈话起到了作用，而他也相信，过去那个优秀的杰弗里马上就要回来了。事情也确实如同汉克所预想的那般，谈话过后，杰弗里再次找回了最佳工作状态，重新成了他手下一流的公关人员。

　　杰弗里的工作能力是毋庸置疑的，但面对一系列的打击，他的情绪受到严重影响，工作质量自然也有所下降。意识到这一点的汉克先生没有因此而斥责或解雇他，但秉着对工作负责的态度，自然没有放任他，而是采取了一种暗含夸奖的方式，来让杰弗里意识到自己的错误，同时也让杰弗里对自己的价值——"铁人"——有所认识，而这一认识将成为杰弗里的巨大动力，让他再次燃烧起对工作的热情，努力让自己配得上这一称号。

　　这就是一个好名声的巨大影响力，一个好的名声，既让人心驰神往，同时又是一股无形的压力，迫使人们怀着奇妙的满足感坚持不懈地努力。例如，当有一个人夸奖你"是个慷慨的人"时，恐怕你无论如何也不好意思对他小气，当有一个人夸你"善良温柔"的时候，恐怕你无论如何也不好意思对他大吼大叫，这就是好名声对我们的制约和激励。

　　我的小侄子米奇是个非常淘气的孩子，已经念小学四年级了，所有教过他的老师几乎都对他束手无策，他们几乎都众口一词地告诉米奇的父母，他是个"学习非常差""常常和其他同学打架""对老师没有礼貌"……的孩子。而米奇也始终"不负众望"地四处惹祸，实在令人感到头痛。

　　但在米奇上五年级之后，某一天他仿佛突然变了一个人，变得非常努力，还开始试图帮助别人，这一改变实在是太令人惊奇了。到期末的时候，米奇甚至得到了一枚"勋章"，这是学校用来表扬杰出学生的荣誉勋章。

对于米奇突然的改变，我们当然是充满欣喜的，但同时心中也充满了疑惑。后来在一次与米奇聊天的过程中，我才得知，原来米奇的一切改变都与他的新老师克莱尔有关。

克莱尔是米奇五年级时候的新老师，她在上任之初就已经听过米奇这个"混世魔王"的大名了，但令人惊异的是，她并没有和其他老师一样，对米奇感到厌恶，反而在开学第一天的时候，就微笑着对米奇说道："嘿，米奇，我听说过你的大名，听说你是个非常厉害的管理人才，不知道你是否愿意协助我，把这个班变成五年级最好的一个班呢？"

正是因为克莱尔老师的这句话，米奇果真成了她的好帮手。随后的日子里，克莱尔老师不断地给米奇戴上各种各样的"高帽子"，而米奇也都真的做到了期望的一切，最终成了人人夸赞的好学生。当然，这个班在克莱尔老师的"好名声教育"下，果然也成了整个五年级最优秀的班级。

诚如莎士比亚所说的："如果你没有某种美德，就假定你有。"而这种假定最终往往会成为现实。当你试图教导某个人，或希望他在某方面努力的时候，不妨试着给他一个好名声，戴顶"高帽子"，这比任何鞭策的语言更能让他坚持不懈地奋斗。

每个人都渴望得到赞美与肯定，而在接纳了这种赞美和肯定之后，这些好名声将会成为一种无形的压力，促使我们拼命前进，甚至不惜一切代价，只求能真正地配得上这一名声。因此，当你希望征服某人，或激励某人的时候，请记住一条准则：给他一个好名声，他必会自觉地为此而努力。

◎ 坦然面对别人的批评

我们或许不能阻止别人不公正的批评，但我们能够决定是否让自己受到这些不公正批评的影响。而要避免受到这一影响，唯一的方法就是：坦然面对别人的批评。

生活中每个人都难免会受到各种各样的批评，这些批评中，有的确实基于事实，有的却带着明显的偏见。无论是出于哪一种目的，批评始终不会是令人心情感到愉悦的语言，尤其当你受到无端指责的时候，更是心中窝火。但在这个世界上，没有任何人是可以处在非议之外的，你不可能做到让全世界都对你感到满意。哪怕是全知全能的上帝，同样也会受到来自非信徒的抨击，更何况我们这些浩瀚宇宙中的渺小人类。

但在几年前，我显然还没有领悟到这一点。那时，我在《太阳报》上看到了一篇文章，那名记者在文章中对我的成人培训班进行了猛烈抨击，当时，我认为这其中的许多"指控"是带有偏见且极其不公正的。我怒不可遏，立刻打了一个电话给《太阳报》的总编，并严厉要求他们登文道歉，甚至暗下决心，总有一天要让他们付出代价。

当时的我就像一头愤怒的野兽，完全失去了理智。现在回想起来，我只感觉到羞愧难当。要知道，那篇报道所占据的篇幅并不明显，或许《太阳报》将近一半的读者都不会去注意这篇报道。即便注意到了，也未必会同意这名记者的观点。即便同意了，或许在很短的时间内，读者就会遗忘这一报道。事实上那篇报道也根本没有引起过任何轰动的讨论，要知道，大家并不在乎这件事情，也更不在乎别人对这件事情的看法。在大众看来，比起这些与自己无关的事情，他们或许更关心自己生活中那些鸡毛蒜皮、却与自己息息相关的事情。

我突然意识到，我当时的愤怒和一系列举动事实上与唱独角戏无异，几乎没什么人在乎这一评论，我却对此耿耿于怀、念念不忘，浪费了自己的时间和精力，而最终实际上也并没有得到任何好处。

当然，对待批评我们也不能一概而论，而是应该进行理性的甄别。对于那些基于事实所提出的批评，我们应当学会从中吸取教训，自我完善，积累更多的经验。而对于那些带有恶意的指责，我们则完全可以采取无视的态度，更无须为此而冲动愤怒，做出回应。有时候，不回应往往正是最有力的回应。

美国企业家查尔斯·施瓦辛格曾在普林斯顿大学做过一场演讲，在这场演讲中，他提到一件对他产生过重要影响的事情。

有一次，查尔斯看到一位德国老工人和一名员工因为某个问题展开了激烈的争论，最后，在恼羞成怒之下，那名年轻员工竟出手将这位老工人推进了河里。

查尔斯感到非常惊诧，他完全不知道这位老工人究竟说了什么，竟使得这位年轻人如此气急败坏。

在周围人的帮助下，老工人从河里爬了上来，身上还一直在滴水。查尔斯忍不住走了过去，问老工人说："天哪，你究竟对他说了什么呀？为什么他竟然如此愤怒，甚至出手将你推到了河中？"

老工人淡淡地笑了笑，答道："我可什么都没说啊，不过一笑置之罢了。"

查尔斯说，这件事对他的影响非常大，老工人的"一笑置之"也成了日后他在面对争论和批评时的行事方针。

有句话说得好：狮子不会因为狗吠而回头。当别人气急败坏地指责你时，没有任何语言比一笑置之更有力。我曾经有幸访问过美国海军陆战队著名的少将巴特勒。他告诉我，他在年轻的时候，因为急切地想要功成名就，努力地去迎合和讨好每一个人。那时候，哪怕只是一点点来自别人的负面评价都会让他十分沮丧，但是经过三十多年的磨砺，如今声名赫赫的他，即使面对再不堪的辱骂，都可以充耳不闻。

巴特勒对批评的态度正是经过岁月洗礼后沉淀的智慧。我们无法管住别人对我们发出恶意的侮辱，但我们能选择是否关闭自己的耳朵和眼睛，将这些非议和责难拒之心门外。

富兰克林·罗斯福总统的夫人曾与我分享过她面对批评时候的经验。

她说，年少时的她是个非常内向的人，对于那些批评、指责自己的言论充满恐惧和不安。一次，她将自己的苦恼向罗斯福总统的姐姐谈了一番，当时，罗斯福总统的姐姐是这么对她说的："无论做什么事情，最重要的是，你要相信自己是正确的。只要你能确信这一点，那么就完全没有必要去在乎别人的批评。"

夫人告诉我，当时罗斯福的姐姐所说的话她一直都没有忘怀，并且成为她一生的精神支柱，她深刻地明白了一件事情——只要你所做的事情对得起你的良心，那么就不需要在乎别人的看法，因为无论你怎么做，总是存在不满意的人。

确实如此，无论是做错还是做对，这个世界上总会有人对你的行事作风感到不满意。作曲家蒂姆·泰勒正是明白这一点，所以当他面对批评的时候，总是处之泰然，他从不会因这些评判而感到生气，反而常常将它们拿出来嘲笑一番。

曾经有一位女士给蒂姆·泰勒写了一封信，恶毒地指责他是个骗子、蠢蛋。蒂姆在收到这封信后，便在他所主持的音乐节目中宣读了这封信。几天之后，这位女士再次写信辱骂了蒂姆，蒂姆只是笑道："我真的非常佩服她的坚持。"

　　人生在世就难免会受到非议，面对来自外界的批评，我衷心地希望你们都能保持坦然处之的态度。最后，我想与你们一同分享一段话，这段话的作者是我们伟大的林肯总统，丘吉尔曾将这段话镶上了框，挂在他的书房里，而麦克阿瑟将军也曾将这段话抄写下来，挂在他总部的写字台后方的墙上。这段话就是——

　　如果我只是试着要去读——更不用说回答所有的批评，这爿店不如关了门，去做别的生意。我尽我所知的最好办法去做——也尽我所能去做，而我打算一直如此将事情做完。如果结果证明我是对的，那么别人即使用十倍的力量来证明我错了，也没有什么用。

◎ 对于总是与你作对的人，有事就多找他商量吧

　　如果你身边有这样一个人，他总是与你作对，你不妨试试有事没事多找他商量，用和善的友谊、温和的言语征服他。

　　林肯曾说过："无论人们如何仇视我，只要他们肯给我一个说话的机会，我就能征服他们，与他们化敌为友！"

　　我非常同意这句话，两个人之间哪怕存在隔阂与仇怨，只要双方都肯进行交流和沟通，必然能够融化仇恨的坚冰，建立和谐的人际关系。

　　著名社会心理学家费斯廷格所做的一个实验向我们证明了这句话。

　　费斯廷格寻找到一部分住在杂居区的黑人和白人，这些人虽然算是邻居，但实际上平日里根本没有任何往来。费斯廷格利用这些居民做了一个

实验，这个实验一共分为三种不同的情境：

情境一：将一部分黑人与一部分白人放在一个屋子里，并让他们一同玩纸牌游戏；

情境二：将一部分黑人与一部分白人放在一个屋子里，让他们一起观看别人玩纸牌游戏；

情境三：将一部分黑人和一部分白人放在一个屋子里，不组织任何活动。

在经历一段相同的时间后，费斯廷格对这些实验者进行了问卷调查，结果发现，第一种情境的实验者中，大约 66.7% 的白人对黑人有良好的印象和态度；第二种情境的实验者中，大约 42.9% 的白人对黑人有良好的印象的态度；第三种情境的实验者中，则只有 11.1% 的白人对黑人有良好的印象和态度。

在第一种情境下，黑人与白人都是游戏的参与者，双方的互动必然会比较多，而第二种情境下，作为游戏的观看者，黑人与白人的互动有所降低，至于第三种情境下，则基本上没有多少互动。可见，人与人之间的好感度实际上与双方之间的互动是存在着重要关系的，互动越积极，人与人之间的相互态度转变的可能性就越大。

所以说，世界上不可能存在永远无法打破的隔阂，重点在于你肯不肯为打破这层隔阂付出一定的努力。

在生活中，我们总会遇到一些对我们存有敌意，常常与我们作对的人，一般情况下，面对这样的人，大多数人都会选择以牙还牙，与之"拔刀相向"。但实际上，这是非常不明智的一种行为，即便你发泄了心头的怒火，又将得到什么呢？那个与你作对的人只会与你越发疏离，你们之间的关系也只会越发僵硬。无论何时，我们都应该记住，让自己多一个敌人不如为自己寻一个朋友。

面对那些对我们有偏见，常常与我们作对的人，我们更应该主动亲近他们，并以一种尊重和欣赏的态度与他们相处，遇到事情多找他们商量，增强彼此间的互动性，如此一来，相信无论多么铁石心肠的人，也必定会被打动。敌人如果是顽石，我们就应化身为流水，一点点去磨平他们的棱角，征服他们的心。

前一阵子，我的学员拉瑞尔遇到了一件麻烦事。他是一名非常年轻的工程师，在施工过程中与一个名叫萨姆的老工头合作。萨姆是个非常有声望同时也非常有经验的老工头，或许正是因为自己经验丰富，他总是看不起拉瑞尔，并对他产生了一种莫名的敌意。这一敌意甚至影响到了拉瑞尔的工作，使得他做事非常吃力，常常难以与萨姆相互配合。

有一次，为了提高施工效率，拉瑞尔制定了一套新的工作计划，但这份计划才递交上去，萨姆甚至看都没看一眼，就怒气冲冲地闯进了总经理办公室，大骂了拉瑞尔和他的工作计划一顿，并扬言："这就是一张废纸，一个自负的家伙给我的一张废纸！那个叫什么拉瑞尔的家伙，他根本连机房都没有来过，凭什么干涉我们的事情，他根本什么都不懂！"

在萨姆的吵闹下，拉瑞尔的计划只能暂时搁置，这一度让拉瑞尔陷入了苦闷之中。当他将这个麻烦事告诉我的时候，我对他说："你是否想过，萨姆之所以不喜欢你，和你作对，也许是对你有某方面的误解呢？对于他来说，你还太年轻，你是不是在某些事情上忘记给予他足够的尊重，让他觉得你是个目中无人的家伙了呢？"

于是，拉瑞尔下定决心和萨姆谈一谈，他决定亲自去拜访他，至少先搞清楚他究竟为什么处处与自己作对。

当天晚上，天气非常寒冷，拉瑞尔就带着那份计划书去了萨姆家拜访。

当时，萨姆正在和妻子吃晚饭，看到拉瑞尔突然来了，心中感到非常惊讶，但基于礼貌，还是将他请进了屋子。

一番简单的寒暄过后，拉瑞尔从怀里掏出了那份被萨姆完全否决的计划书，恭恭敬敬地对萨姆说道："我制订了一份计划，原本是希望能够对工作有所帮助。不过现在看来，这其中好像存在着一些大问题，因为我对机房确实不熟悉，所以想要与您商量商量，不知道您现在有没有时间？"

看到拉瑞尔态度谦恭，加之自己又是老前辈，萨姆脸上的表情有所缓和，对这位不速之客也没有表现出丝毫的反感，并从他手中接过了计划书，认真研读起来。在看的过程中，萨姆不时提出一些问题，两个人聊了大约一个小时之后，萨姆让拉瑞尔留下了那份计划书，并亲自送他离开。

第二天一大早，萨姆就将这份计划书交到了总经理办公室，并在总经理面前大大赞扬了拉瑞尔一番，极力主张立刻推行拉瑞尔的方案，甚至主动表态说愿意将他所管理的机房作为第一个试验点。

一次倾谈，便让拉瑞尔征服了老工头萨姆，现在，拉瑞尔和萨姆已经成了最好的工作搭档。

两个人之间的仇怨常常源于双方之间的误会，当误会产生之后，如果谁都不愿主动向前，而是在自己身前筑起高高的围墙，那么这种仇怨只会越结越深，最后成为不可逾越的鸿沟。但如果有人肯主动上前，以友好谦恭的态度去融化仇怨的寒冰，那么必然能够重新筑起人际交往的友好桥梁。因此，当你遇到因误会而常常与你作对的人时，不要退缩，多找他商量商量，如此，你定能少一个敌人，多一个朋友。

◎ 实现双赢比打败别人更重要

　　没有永远的朋友，也没有永远的敌人。我们都没必要把打败别人当作自己的成功。世事多变，随着局势的发展，我们的对手也有可能成为我们的合作伙伴。成功不是打败别人，而是实现双赢。

　　有一句话是这么说的："世界上没有永远的朋友，只有永远的利益。"

　　我并不赞同这句话，利益确实能够影响到人与人之间的关系，但在这个世界上，并非只存在输与赢两种结局，还有一种既能够保证利益，又能维护友谊的圆满结局——双赢。

　　在大部分人眼中，如今的社会充满竞争，想要获得最大利益，就要去争抢别人手中的东西，想要获得最终的胜利，就只能去践踏竞争中的失败者。但对于聪明人来说，人与人之间除了竞争，还有一种利益最大化的方式，叫作合作。他们认为，与其去抢别人手中的蛋糕，还不如与别人展开合作，集中力量做出一个更大的蛋糕，让每个人都能从中获得好处，这就是双赢。

　　在商业竞争中有这样一句古话：同行是冤家。但就有这样两家公司，生生把冤家变成了"亲家"。

　　美国水晶杯公司和细瓷公司都是美国本土非常重要的餐具生产公司，起初，为了争抢餐具消费市场，双方一度争得你死我活，甚至为了挤垮对方，打过数次损人不利己的"价格大战"，在关系极度恶劣的时期，甚至还不惜违背道德抹黑对方。

　　在这种日益脱离控制的恶性竞争中，水晶杯公司和细瓷公司都遭受了严重损失。当意识到这一点后，两个公司的领导者决定改变策略，便展开了一次又一次的协商，最终缔结"同盟"，将关系由竞争变为合作。

达成一致后，水晶杯公司利用细瓷公司在日本市场的信誉，经过联合销售，将产品顺利打入了日本市场；而细瓷公司则依靠水晶杯公司在美国市场的销售优势，得以顺利出现在美国家庭以及饭店的餐桌上。双方的销售额和市场占有率在短时间内均有了很大的提高。现在，每个西方家庭的餐桌上，几乎都习惯摆放水晶杯公司所生产的水晶玻璃杯以及细瓷公司所生产的细瓷餐具。

这是一个非常成功的合作获得双赢的案例，本是冤家的两家公司通过通力合作，使得双方都获得了惊人的利益，成为合作无间的"亲家"。

当你树立一个敌人的时候，你将会在激烈的竞争与抢夺中浪费自己的资源，即便有一天你战胜了这个敌人，也必然是"伤敌一万，自损八千"的下场。而一旦自己的实力被削弱之后，一方面，你在社会竞争中所获得的利益将会大大减少，另一方面，你抵御危机以及其他敌人偷袭的能力也会大大降低。再者，即便你打败了竞争对手，又怎么能保证他没有可能东山再起呢？若到了那个时候，新一轮的竞争又将展开，在没完没了的斗争中，你又怎么可能有精力、有能力让自己逐步壮大呢？因此，与其费尽心思打败对手，倒不如试着化敌为友，将阻力变为助力，实现双方的共赢。

我曾经到过一个村庄，那里的农民依靠种植果树为生，挨家挨户都种植着市场上非常走俏的新品种果树。据说研究出这一优良品种果树的，是一位非常睿智的老农，他经过数十年的钻研才最终得出了这一心血结晶。但令人意外的是，当他研究成功之后，竟将幼苗以及种植方法挨家挨户地推荐给了他的邻居们，使得这个村庄人人都能够种植这种果树。

对于老农的举动，很多人都感到十分好奇，我自然也不例外。试想一下，如果老农没有将种植方法告知其他村民，那么他将会成为这个村庄唯一种植这一优良品种果树的人，这些水果的市场占有率也将会非常低，造成供不应求的局面，如此一来，价格必定飞涨，老农每年必然能多赚不止一倍的钱。可是老农为什么要将自己的研究成果无偿送给村民呢？

怀揣着这样一个疑问，我拜访了这位老农，并直接把心中所想问了出来。老农听后，笑着回答："我这么做完全是为了我自己啊。如果这里只有我一个人种植新品种果树，而其他人依旧种植旧品种果树，那么在花粉传播的时候，我的果树必然会受到影响，这样一来，我所研究出的新品种果树所产的果实质量必然会有所下降，那么我的心血结晶也就浪费了啊！所以，我要将这一新品种推荐给他们共同种植，只有这样，我们所种出的水果才能越来越好！"

老农的回答让我一直记忆犹新，同时也刷新了我关于输与赢的认知和观念。在竞争中，我们已经习惯了急速向前，超越对手，却常常忽略，我们其实也能携手共进，一齐抵达终点。诚然，竞争是人生中不可避免的事情，良性的竞争对于彼此来说都是一个很好的成长过程。但同时，我们绝不能忘记合作，只有懂得合作的人，才可能真正在竞争之中脱颖而出。

损人不见得就能利己，即便能够得到一定的利益，这种利益也必然不会长久。就像种植果树的老农一般，如果藏着掖着自己的新技术，只在自己果园之中种植新品种果树，虽然在短时间内，他的产品会因为供需关系而变得无比金贵，但天长日久，花粉的传播将会使老农果树的优势逐年减弱，最终与普通果树无异。为了短暂的利益而彻底摧毁了长远的发展，这才是真正的得不偿失。

博弈论中有这样一个概念：零和游戏。意思就是说，在一场游戏中，游戏的参与者们总是有输有赢，一方赢了，另一方必然输，因此，这场游戏的总成绩永远都是零。这是一个属于非合作的博弈理论，在现实生活中，这一概念在诸多事情上都有所体现，每一个胜利者的荣光后，都藏着一个甚至数个失败者的落寞与艰辛。而从总体上来说，胜利与失败的相互抵消使得总利益永远归于零。

但如果我们转换概念，以合作来替代竞争，那么最终结果将会有着天翻地覆的转变。我们将打破"零和"的局面，最终获得"双赢"。胜利者的身旁，同样站着胜利者，总体上的利益也将不再只归于零。

第七章 CHAPTER 7

成熟起来，克服自己的弱点

阻碍你成功的只有你自己，因为每个人身上都存在人性固有的一些致命弱点，如抱怨、浮躁、犹豫、冲动、自卑。大多成功者都能正视这些弱点，并采取各种聪明的方法去克服、战胜它们。如果能真正透视人性弱点，并战而胜之，每个人都可以成为强者，都可以成就一番伟业。

◎ 走向成熟，从真正了解自己开始

"爱自己"是成熟生活的一个重要标志。爱自己，就是要接受自己，要冷静、客观，怀着自尊心和人类的尊严感来接受自己。如果我们不喜欢自己，那么我们就不会喜欢别人，甚至会仇恨一切事物和人。而厌弃和虐待自己同胞的人，必然也会更强烈地表现出自我厌弃。

大多数人都能将自己描述出一二，但是事实上最难了解自己的恐怕就是我们自己。早在两千年前，古希腊人就在阿波罗神庙中写下了一道神谕——认识你自己，而这也成了哲学领域的永恒主题之一。

我们能够以旁观者的角度来看别人，认识别人为什么会成功，为什么会失败。但是事情落到自己头上的时候常是懵懵懂懂。自己有什么长处，自己的理想是什么，自己需要的是什么，对于这些问题都稀里糊涂。

在这个生活节奏快速而且又复杂的现实世界里，我们多数时候都注视着前方的景色和他人的事情，很少有时间停下脚步来审视自己。认识别人简单，认识自己困难，而连自己都不是很了解的人，想要实现自我价值，成功达到自己的目标就更是难上加难。

那么我们要怎么样才能清楚地了解自己，充分地知道自己的优势和劣势呢？

首先，我们要做到的就是善于自我分析。可以参看一些相关书籍，列出自己的知识结构、人际关系网、思想倾向、价值观、兴趣爱好、健康状况和性格特点等方面，并且进行如下分析：

在为人处世方面，我们是否能够站在他人的角度上考虑问题，言行举止会不会惹人生厌，是不是说话的时候会不小心伤害别人。

在社会关系方面，我们能否与朋友相处和睦，当他人有困难的时候我们能否伸出援手，所处环境的各项纪律能否自觉遵守。

在知识结构方面，我们能否清楚地知道自己的知识水平在什么层次，对于专业知识掌握到什么程度，是否有苦学不辍的精神，有没有给自己订立更高的目标。

兴趣爱好方面，自己感兴趣的东西有多少，最感兴趣的是什么，这些兴趣是出于娱乐还是必要，成功后是否有成就感。

性格方面，是内向还是外向，擅长与人合作还是独立作业，喜欢思考问题还是动手操作。

身体方面，是否对自己的健康状况经常关注，有没有长期的慢性疾病。

当我们把这些情况都分析清楚后，我们就能够从客观的角度来评价自己了。了解自己有什么长处，有什么不足，擅长什么样的工作，擅长与什么样的人来往。

曾经的我就特别不了解自己。小时候，我的家庭非常贫穷，如果碰上些天灾人祸什么的，连饭都吃不饱。由于童年的一次不幸的遭遇，我弄断了自己的一根手指。上高中的时候，我是同学们嘲弄的对象。我特别讨厌自己，讨厌自己的长相，讨厌自己头发的颜色，讨厌自己的一无是处。工作以后，我的命运依旧没有任何变化，经常遭遇困难，也没有办法摆脱家庭的贫困。这些事情影响了我的性格，我变得抑郁而内向，对人生感到恐惧。我曾悲观地认为我这辈子恐怕就要这样庸庸碌碌地度过了，甚至可能更糟，比如被公司开除什么的。

后来我遇到了一个跟我一样断了手指的青年。在与他的交流过程中，我才发现原来我并不是那么一无是处，比如我在口才方面其实还算不错。正是这个年轻人让我看清了自己，让我喜欢上了自己。

许多人和我一样，虽然我们每个人都不能只靠自己活下去，我们需要他人的支持，需要他人的帮助，但是最终能把我们带入成功的还是我们自己，这不是能被人抢走的功劳，而是我们独立学习、独立思考所换来的回报。伟人们与成功者之所以有那么多伟大的成就并不是因为他们有超凡的智慧，而是因为他们了解自己，知道自己能做到什么，不能做到什么，所以能够进退有度，游刃有余，最终取得了成功。他们的成功并不是命中注定，也不是上天的恩赐，而是靠着自己的努力。

从前有一位国王，他有一个特别漂亮的花园，里面种满了各式各样的花草树木，但是没多久，他发现这些花草树木开始凋零枯萎了。

几经周折，国王调查出了它们凋零的原因，是花园里的花草树木都认为自己长得没有别的植物好，开始陷入自我厌恶。

橡树说："我凋萎的原因是我觉得我这辈子都没办法长得像松树那么高大，在它的面前我总是那么渺小。"

被橡树羡慕着的松树则说："长得高有什么用？又不能像葡萄一样结出果实来，不如就这么枯萎算了。"

被松树羡慕着的葡萄半死不活地说："能长出果实也没什么好的，要是能像玫瑰那样开出鲜艳美丽的花朵多好啊。"

就在大多数的植物都在唉声叹气的时候，花园中唯一还神采奕奕地盛开着的紫罗兰说："人类在把我种下去的时候，就是想看见我身为紫罗兰的样子啊。如果他们想看到别的，就不会种我了。我只能够成为我自己，所以我应该接受我自己，并且尽最大的努力让自己更像自己。"听完紫罗兰的话，其他的植物都陷入了沉思。

虽然这只是一则寓言故事，但是运用到我们身上依然有效。我们每个人都有自己的特色，每个人都不可能成为别人。我们要接受自己，坚持自己的本色，这样才能绽放属于自己的美丽。

苏格拉底曾经被称为最聪明的人，但是他自己不肯接受这项荣誉。他曾经也有过迷茫，也怀疑过自己。他认为自己只是一个普通人，不知道为什么人们都要把"最聪明的人"这顶帽子戴在他的头上。于是，他去拜访雅典城的达官贵人、诗人学者，想要知道究竟什么是聪明，什么是智慧。

他们都认为自己很聪明，知道的事情很多。但是在苏格拉底眼里，他们所知道的事情实在是太少了。最后，苏格拉底得出了结论："人人都说我是最聪明的人，因为所有人都以为自己很聪明，只有我知道自己并不聪明。"

苏格拉底懂得人要从认识自己出发，他有一句名言："认识你自己就必须大胆地承认自己的无知。"认识自己，要从自己的优点和不足两方面出发。我们了解这个世界越多，就越是觉得自己是多么无知。我们不应满足于所拥有的那么一点点知识，坐井观天、妄自尊大只能让自己在成功的道路上止步不前。

从青涩走向成熟是一个漫长而曲折的过程，但是如果能够了解自己，道路虽漫长却能走得坚定。人生的每一条路都是用自己的脚去丈量的，我们每一个人都要学会自查、自视、自省。只有认识了自己，才能够了解到自己的真正价值，造就一个更美好的自己，开拓出全新的人生里程。

◎ 勇于担当责任是成熟人生的开始

只有当一个人勇于担当，才算是成熟的开始，无论感情还是事业，一切都会变得稳定而充满力量。担当不是束缚和压力，而是一种动力和方向。

我们都是社会的一分子，在其中充当着不同的角色，每个角色都承担着不同的责任，维持着社会的正常运转。

在父母面前，我们是孝顺的子女；在儿女面前，我们是抚养教育孩子的父母；在老师面前，我们是努力学习、充实自己的学生；在学生面前，我们是教书育人的老师；在领导面前，我们是为公司创造效益同时成就自己的员工；在下属面前，我们是统领全局，为员工指明方向的领导……

每个人身上都有着或多或少的责任，不能因为自己不够强壮就不肯承担应该承担的重担。承担自己的责任，为之付出努力，这样才能体现出我们存在的价值。

有些人在面对责任的时候却一贯地选择逃避。对有难度的工作，他们敬而远之，这种缺乏责任心的表现注定了此人难堪大用。况且无论如何逃避，该面对的总会有一天要面对。

从前有一个年轻的牧羊人，他每天都会把一群羊赶到山上去吃草。有一天，在吃过午饭后，他觉得困倦不已，便躺在大树的树荫下悠闲地睡着了。

等他醒来的时候，天色已晚，太阳朝着西方缓缓落下。牧羊人赶紧爬起身来大声召集还在吃草的羊群。经过几次清点，牧羊人发现少了一只羊，经过一番寻找，最后他在一块高耸的大石上找到了那只掉队的山羊。

年轻的牧羊人朝着掉队的山羊大声地呼喊，拼命地吹口哨，山羊就像没听见一样站在大石上不肯下来。牧羊人很生气，他从地上捡起一块石头朝着山羊扔了过去，正中山羊的一只角，那只角当场就断裂了。

牧羊人吓坏了，弄伤了主人的羊不光要赔钱，很可能还会被主人赶走，失去这份工作。他恳求山羊说："亲爱的山羊，我并不是故意的。看在我每天伺候你们吃喝，带你们散步的分儿上，你帮帮我，不要告诉你的主人今天发生的事情好吗？不然我可能会被赶走的。"

"你放心吧，我保证不会告状。但是，我没办法遮掩住今天发生的事情啊。所有的人都会清楚地看到我断了一只角。"

人最大的错误就是逃避责任，况且不管你想不想承担，到时候责任依旧会在你的面前。出现问题后，不要隐瞒事实，不要试图逃避自己的责任。犯错不可怕，可怕的是总想着要为自己的错误寻找开脱的借口。我们要为自己的言行负责，一味逃避责任能取得什么样的进步？能获得什么样的成功呢？

盖瑞和艾瑞斯是一家快递公司的业务员，他们对于工作都非常认真努力，老板对这两个年轻人颇有好感。有一天，意外发生了。盖瑞和艾瑞斯负责运送一件大型货物到码头，这是一件古董，非常贵重。

到了码头的时候，盖瑞把东西递给艾瑞斯，艾瑞斯没有接住，古董掉在了地上，摔得四分五裂。

老板知道这件事情以后非常愤怒，因为货物非常贵重，他已经千叮咛万嘱咐咐要小心。面对老板的愤怒，两个人却采取了不同的行动。当天，艾瑞斯就悄悄去了老板的办公室，他对老板说："这不是我的错，是盖瑞不小心弄坏的。"老板没有说什么，只是对艾瑞斯说了谢谢。之后老板又把盖瑞叫到了自己的办公室，问他究竟是怎么回事。盖瑞把事情的原委告诉了老板，并且说："这件事情是我失职，我愿意承担责任。"

第二天老板把两个人都叫到了办公室，对他们说："其实那天在码头，客户已经看见了事情的经过，究竟是谁的错，我心里一清二楚。但是你们两个人的反应让我觉得很有趣，盖瑞勇于承担自己的责任，但是艾瑞斯你，却只想着推脱责任。盖瑞，你留下工作，古董的钱从你工资里面扣除。艾瑞斯，你明天就不用来上班了。"

不管在工作中，还是生活中，人们对承担责任有相当的恐惧感。承担责任往往意味着要花费更多的时间与精力，还要承担相应的惩罚。那些整天只想着找借口逃避责任的人，注定无法成为一个成功的人。因此自己的问题要自己承担，绝不能找任何借口。

一天，我的小女儿陶娜想要爬到冰箱上面去，于是她拿着一把小椅子摇摇晃晃地进了厨房。我跑过去想要阻止她危险的行为，但是赶到的时候已经晚了，她从椅子上跌了下来，摔在地上。我抱起她来，她大声哭着，用力地用脚去踢椅子，说："都是这把破椅子让我摔跤的。"

我放下她，严肃地让她把椅子扶起来，并且向椅子道歉。虽然女儿很不情愿，但是见我态度如此认真严肃，她还是照做了。

事后，我抱着女儿，告诉她椅子并没有错，错的是你。如果你把责任推到椅子身上，那么下次呢？下次你再犯错的时候又要把责任推到谁的身上呢？属于自己的责任就要勇于承担，只有勇于承担责任才算是成熟的开始。

西点军校的校训只有三个词：责任、荣誉和国家。责任是排在第一位的，每一个新生学到的第一课都是被一个高年级的学生教导：不管什么时候，学长或老师问话的时候，只可以回答"是""不是"和"不知道"。不要寻找任何借口，不要为自己的过错进行辩解，没有人想要听，长官要的只有结果。

不负责任的员工常常会在出现问题的时候给自己找借口，把责任推到别的方面上，什么"老板领导无方""公司其他部门不配合""老板看我不顺眼""客户太挑剔"，这些都是他们失败的理由。其实怪罪别人有什么好处呢？难道把过错推到别人身上我们就真的没有责任了？我们就真的很成功、很理想、很有能力了？

当然不是，推脱责任只能掩盖自己的不足，只会让这些不足越来越大，成为你成功路上难以忽视的绊脚石。只有勇于承担责任，才能够发现自己的缺点，然后进行改正，让自己变得更好，让工作尽善尽美。

◎ 摆脱不幸的三种方法

要想摆脱不幸，最好的一种方法便是勇敢地面对所有的不幸。不幸的遭遇并非就是世界末日。有时候，它还是我们采取行动的催化剂，成为我们触摸成功之匙的契机。

人生有无数条道路可以选择，有人选择了安逸平稳，有人则选择了要有一番作为。做了第二种选择的人面临的压力非常巨大，而面前的道路也是困难重重。你想做哪种人？如果选择做第二种人，你又是否有百折不挠的精神去战胜那些困难，走上成功的道路呢？如何摆脱那些不幸是成功的重要法门。

我有一位朋友，他出生在一个非常贫困的家庭当中，但后来成了一名杰出的运动员。儿时的他非常喜欢运动，但是由于家里条件的限制，他连饭都吃不饱。他喜欢踢足球，喜欢跑步，但是他只能光着脚进行这些运动。

他只有一双鞋子，那是一双草底的帆布鞋，是父母买给他上学时穿的。如果他穿着这双鞋子去踢球，肯定会遭到一顿毒打，因为踢球很容易把脆弱的草底鞋踢破。

出生在这样的家庭是不幸的，但是他没有抱怨自己的不幸，因为抱怨并不能改变什么。想要改变自己的命运，那么只能不懈地努力，从逆境中崛起。

他的努力得到了回报，他以惊人的速度一步步地成长起来，后来在一项世界级的马拉松赛事中拿到了亚军。这是多么值得庆贺的一件事情啊。但是所有人都在关注冠军是谁，没有人在意这个跑了第二名的家伙。然而他并没有灰心丧气，他更加努力，最终，在一年之后的这项比赛中把自己由亚军变成了冠军。

摆脱不幸的第一法则说来很简单，那就是不要怨天尤人，要乐观自信。
摆脱不幸的第二法则就是要有一种坚忍不拔、绝不认输的精神。

当不幸降临时，如果你不主动从不幸中走出来，那么悲剧必然不肯离你而去，必定将伴随你的左右。想要克服不幸，就要有不服输的精神。不幸也不完全是坏事，它会变成一种动力，促使我们改变自己，提高自己，让自己变得成熟，变得强大。

俄国历史上最伟大的皇帝之一彼得一世，他的人生非常坎坷。他刚刚在战争中打败了当时强大的奥斯曼土耳其后，马上就在另外一个强国瑞典身上尝到了失败的滋味。他引以为傲的军团被打得一败涂地，毫无还手之力。但是彼得一世并不觉得这场失败是完全没有好处的。他从这场战争中看见了他的军队有多少不足，并且努力将其改正过来，最终在战争中打败了瑞典，让他的国家成了当时的欧洲第一强国。

伟大的女作家海伦·凯勒也没有在不幸面前倒下。她在一岁多的时候就因为生病而失明，并且又聋又哑。因为这不幸的遭遇，海伦的脾气变得非常暴躁，动不动就大发雷霆，把家里的东西摔得一塌糊涂。面对这种情况，她的家人为她请来了一位很有耐心的家庭教师沙利文小姐。海伦·凯勒在她的教育下，逐渐改变了对人生的看法。她了解到既然不幸已经发生了，自己继续这样下去，情况也不会有什么改变。她说："我就是要摆脱这个不幸，上天拿走了我的眼睛，我就是要让它看见，没有眼睛的海伦·凯勒也能写东西。"海伦利用仅剩的触觉、味觉和嗅觉来认识自己周围的环境，拼命地学习，最终于几年后出版了她的第一本著作《我的一生》。

这本书刚刚出版就轰动了整个美国。海伦·凯勒的处境可谓是不幸至极，但是她克服不幸，完成了大学的学业，以后更是致力于帮助残疾儿童的社会工作。就是那种要给老天看看，不管老天对她如何不公，她还是可以成功的精神，让她摆渡到了成功的彼岸。

生命本身就是一场抗争的旅程，旅程中充满了奇迹和幸福，但是也存在着艰难与不幸。我们无法选择，也不能逃避。遇到不幸就拿出勇气来面对，冲破不幸，让不幸成为我们成功的契机。

摆脱不幸的第三条法则就是勇敢面对。

贝多芬是世界著名音乐家、作曲家，他也是非常不幸。家境贫困的他十二岁就开始作曲，十三岁就参加乐团的演出，拿工资补贴家用。到了十七岁的时候，母亲不幸病逝。从此他的父亲开始自甘堕落，终日烂醉如泥，他承担起了养活父亲、两个弟弟和一个妹妹的重担。不久以后，贝多芬又得了伤寒和天花，几乎丧命。他的不幸还不止于此，对于一个音乐家来说最最不幸的应该是二十六岁的时候，他失去了自己的听觉。

可以想象，作为一个音乐家，失去听觉对他造成的伤害该有多么严重。但是他没有放弃音乐，面对不幸，他勇敢地迎了上去。他开始叼着木棍，通过感受钢琴的震动来弥补自己听力的缺陷，他认为只有音乐才能让他的精神再次燃起火花。就是在听不到的情况下，他创作了著名的《命运交响曲》。《命运交响曲》正是贝多芬自己命运的真实写照，对于不幸，他勇敢地面对，顽强地战斗，最终获得了胜利。这就是贝多芬摆脱不幸的方法。

只要不怨天尤人，只要面对困难保持乐观的精神，只要保持永不服输的精神，只要你能够勇敢地面对不幸，那么就算是有再多的不幸，都无法阻碍你成长的脚步，无法阻挡你成功的步伐，当然也无法剥夺你追求幸福的权利。在不幸中获得成功会更加艰难，需要付出更多的努力，但是这样开出的花朵也才格外鲜艳，结出的果实也才格外甜美。

◎ 将坚定的信念付诸行动

当一个人对自己的未来有了坚定的信念后，就应该立即采取行动为实现自己的理想而努力，不要再有任何的犹豫，更不要拖拉偷懒。只有在行动中才能捕捉到成功的机会，一个人为自己设下再好的目标，如果不去行动，那目标也只能存在于虚幻中，永远也变不成现实。

我们很多时候都会给自己限定某个程度或画出某条界线，超过了这个程度的事情，就觉得自己不可能完成，越过了这条界线的事情我们就不敢去触碰。我们会认为别人所拥有的成功、财富、幸福的生活是自己不配拥有的，自己不能与某人相提并论，其实，这是一个非常荒谬的错误。

在法国发生过这样一个故事。当时拿破仑正在急切地等待着一封写有战况的信件，一个骑兵日夜兼程，把信送到了。但是由于赶路太急，士兵的战马不幸累死了。拿破仑马上写好回信交给士兵，命令他骑着自己的战马将信送回去。骑兵看到这匹强壮矫健、装饰华丽的骏马，一时之间不知所措，他受宠若惊地对拿破仑说："将军，这不行，我只是个普通的士兵，怎么配得上这么好的战马呢？"拿破仑回答说："世界上没有任何一样东西，是法兰西士兵不配拥有的！"

只要你努力去争取，诚心诚意地去做，那么就没有什么是不属于你的。我翻阅了很多成功人物的发迹史，他们做事之前总是会在心中树立一个坚定的信念，对自己的成功深信不疑，并且带着这份自信义无反顾地投入到自己的事业当中，不管遇到什么困难，这种信念都会支撑着他们持之以恒，直到胜利。

人类至今还没有发现潜能的极限究竟在哪里，造物主在我们体内储存了可以成就一切事业的基因，如果我们放弃了努力，不去挖掘自己的潜能，不在三十五岁之前这个最有精力、最有可能获得成功的黄金阶段将自己的能量激发出来，那么不管对自己还是对这个世界，都是一种巨大的损失。

在我的人生中，也曾经遭遇过狼狈的败北。那是在我进入华伦斯堡州立师范学院后，我先后参加了十二次演讲比赛，但是屡战屡败。

最后一次比赛败北后，我对自己的能力产生了怀疑。无论我曾经把自己的前景想得多么美好，觉得自己的能力多么出众，这些都被现实一次次无情地粉碎了。我筋疲力尽地徘徊在河畔，面对那么多的失败，我曾想到过自杀，我觉得自己真的很差劲。

这些想法并没有占据我的头脑太久，很快我就重新振作精神，面对生活了。在接下来的日子中，我依旧徘徊在河畔，但我不再对着河水发呆，也没再有过自杀的念头。我只是一边踱着步，一边背诵着林肯和戴维斯的名言，并且不停地做手势和面部表情训练。我坚定了信念，为下次挑战努力做准备。

有一次，我正在练习一篇演说稿，表情专注，手舞足蹈。附近的一位农民看见了这个场景，以为我是一个疯子。他马上就报警了，警察气喘吁吁地跑来时，我才明白发生了什么事。

皇天不负有心人，在1906年，我以"童年的记忆"为题目发表的演说终于获得了成功，我赢得了勒伯第青年演说家奖。这次获胜，是我走向成功的新的开始。

信念产生的力量非常强大，但是它并不是一些写出来被钉在墙上的生硬死板的信条。那些被钉在墙上的东西注定只是在嘴里说说而已。只有把信念放在心里，把信念作为自己的原则和信仰的人，才能找到自己人生的意义与方向。

信念就像一条装满了力量的河，人人都可以随意地支取。信念就像大脑的指挥中枢，指挥我们按照自己所相信的，改变我们的命运。

曾经有过这样一种说法：信念和行动的关系就好像是我们的精神与肉体的关系。你的精神需要你的肉体作为载体，你的肉体证明了你精神的存在。同样，你的行动就是对你信念的证明，离开了行动的信念什么都不是。因此，我们要言行一致，不能做语言的巨人，行动的矮子。

当一个人对未来有了坚定的信念后，就要为实现自己的理想去努力奋斗，不要再拖拖拉拉。如果光说不做，那么想得再多目标也永远只存在于虚幻当中，变成不了现实。聪明人用自己的行动来承载自己的信念，他们不会等着天上掉馅饼。成功的捷径只有一条，那就是坚定信念，赶快上路。

许多人在做事的时候总是瞻前顾后，患得患失，非要等到事情万无一失或者迫在眉睫才肯行动。但是当你准备得万无一失的时候，往往也是你骑虎难下的时候。你所订的计划、你所追求的目标真的适合你吗？可行性又有几分？这些只有真的行动起来才可能知道。英国有句谚语说得好："穿上鞋子才知道哪里夹脚。"不行动起来，目标怎么会清晰地出现在你的眼前呢？

著名记者安东尼·罗宾早在十三岁的时候就坚定了自己的信念，要做一名体育记者。有一天，他从报纸上得到消息，胡华·柯赛尔要在当地的百货公司开一场新书签售会。当时他想："我打算成为一名体育记者，那么将来便会访问许多专家，为什么不先从最顶尖的开始呢？"他马上行动起来，借了一台录音机赶往现场。

他到达现场的时候签售会已经结束了，柯赛尔先生正准备起身离开，安东尼·罗宾慌了，原本内心准备的计划早就忘得一干二净，他鼓起勇气冲了上去，穿过人群挤到了柯赛尔先生面前，然后快速对柯赛尔表明了自己的来意。众目睽睽之下，柯赛尔也不好拒绝他，于是接受了他的个人采访。这次宝贵的采访经验改变了安东尼·罗宾对于人生的看法，他相信凡事只要努力，都是可以做到的。

凡事只要努力，并没有什么是不可以做到的。但是如果你只是勾画出一个美好的蓝图，却迟迟不将计划付诸行动，总是告诉自己要寻找一个更好的机会，那么你将永远不会获得成功。就像只有设计图纸却没有盖起来的房子一样，连空中楼阁都算不上。

想要成功，就要坚定信念。心中勾画了一座美丽城市的蓝图，就要赶快开始伐木、砌墙，将想象付诸行动。这样终有一天，美丽的城市会出现在你的眼前。

◎ 放弃依赖，意味着开始成长

求人不如求己，一个人要想在社会上站稳脚跟，就必须以自立自强为核心，培养自我独立的精神。

茑萝是一种纤细柔软的植物，它自己没有办法长高，只能通过爬上其他高大的植物生长。有一株茑萝长得特别茂盛，还结出了不少黑红的果实。有一天，一个路人摘了一个茑萝的果子吃。好吃的果子让路人觉得很开心，他称赞道："这棵植物长得真漂亮啊，果实也很好吃。"茑萝听了很得意，对大树说："听见了没？别看你长得傻大傻大的，但是没有我漂亮，也结不出好吃的果实，你到底有什么用呢？"大树沉默不语。

过了几天，一个木匠上山砍树，他看见被茑萝缠绕着的大树说："这棵树真棒，做房梁最合适不过了。"说完就拿起斧头砍起树来。不一会，大树就被砍倒了，而缠绕在大树上的茑萝也被砍断了。大树冷冷地对茑萝说："没有我，你又有什么用呢？"

依赖别人生活，一旦失去了依靠，那么就会像茑萝一样不幸。依靠别人不是长久之计，只有自己不断努力才是正道，毕竟只有自己才是最可靠的人。

在这个尔虞我诈的社会，除了自己之外又有几人靠得住呢？想要在这个社会上站稳脚跟，就必须自立、自强，培养自我独立的精神。

很多年前，日本著名的跨国公司松下电器的创始人松下幸之助在事业上遇到了危机。因为松下公司没有自己的技术，只能依赖与国道电机厂合作生产收音机。结果第一批产品投放到市场后，差评如潮，大量的货物被退回。松下幸之助急忙找到国道电机厂的老板北尾，要求他改进技术，减少退货率，但是北尾傲慢地对他说："制造收音机不像你说的那么简单，你要能做你来啊。"松下幸之助愤怒地离开了国道电机厂。

他回到自己的工厂后，马上找到头号技术员中尾哲二郎说："目前松下收音机的事情你也知道了吧，我希望你能带着其他的技术员开发出一种少有故障的收音机。"中尾为难地说："可是我对这种技术并不是很了解，怎么开发？"松下幸之助说："现在这种情况，不会也得会了。从头开始学吧，慢慢研究，肯定会成功的。"

中尾也没办法推脱了，马上带领一批人开始了不懈的研究和设计。经过无数次反复的实验，历时几个月，终于研发出了新式的收音机。这种收音机在日本广播协会举办的评选中取得了第一名的好成绩。产品投放到市场后，很快就以质量好、性能佳独占鳌头，占领了国内市场。

通过这次的事情，松下幸之助得出了结论：靠谁都不能长久，所有的困难最终还是要靠自己解决，自己强大起来才是最重要的。

人在社会中总是会被自然地划分为强者或者弱者，这并不难理解。有些人不管是事业还是家庭，总是能处理得很好，处处都很成功，他们从不依附于他人，不管别人怎么嘲讽、打击、说风凉话，他们都决不放弃努力，相信只有依靠自己的行动才能走向成功。相比之下，弱者们则往往缺少独立意识，他们或是因为怯懦，或是因为怠惰，极少有依靠自己的力量获得人生发展的想法，这就注定了当他们没有东西可以依靠的时候，他们就轰然倒地了。

依靠自己，才是解决问题最直接的方法，依赖别人，就等于将自己的命运、自己的人生交到了别人手中。

"报纸大王"米勒年轻的时候，打拼得非常辛苦，他每天不等天亮就骑着自行车来到报社门口领取报纸，然后挨家发送。他曾有过投入他人麾下轻松生活的机会，但是他拒绝了，他说："我要单干，我相信我能干出一番事业。"后来米勒用自己打工赚来的八十美元作为启动资金，终于成立了自己的报纸发行部。再后来，他成功地收购了自己当初每天当报贩的那家报社，最终成了"报纸大王"。

没有依靠他人的帮助，也拒绝了别人的招揽，米勒靠着自己自强自立的精神最终获得了成功。人的一生只有靠自己才能不断地突破，若凡事都指望着假手于人，那么当他人自顾不暇的时候，你又要靠谁呢？

一个人不慎失足，掉到了山崖下面，幸亏他命大，没有摔死。可是在悬崖下面没吃没喝，如果等不到人来救他或者他不能自己爬出去，那么注定要饿死在这里。他大声呼救，但是没有人回应他，于是只能靠自己想办法了。

他开始尝试着攀登悬崖，崖壁十分光滑，并没有太多可以攀爬的地方。这时候他发现石缝中长出了几棵植物，他喜出望外，希望可以靠着这些植物爬上去。没想到他的手刚刚接触到植物的时候，就被刺得鲜血直流，原来这些植物都是带刺的荆棘。那人抱怨道："我落难于此，你不肯帮我也就算了，居然还落井下石地刺伤我。"荆棘说："我的刺也是为了保护自己而长的，我靠自己保护自己，你却指望着依靠我来救你自己，真是可笑。"

突破自我是无法依靠别人的帮助的，况且有些人并不是值得依靠的人。荆棘勉强可以做到自保，哪有能力来帮助别人呢？

人生就像一场冒险，当你踏入茂密的森林中，遮天蔽日的树叶挡住了你的双眼，道路上丛生的杂草缠住了你的双腿。这时候有人披荆斩棘，开出一条路来；有人却原地不动，在此定居了；还有些人将那些看似顺利的道路当成是通往成功的捷径，最后落入别人的陷阱。在这场冒险中，通往成功的道路注定是崎岖的。只有依靠自己，武装自己的身体，强化自己的头脑，才能赢得这场冒险的胜利，得到真正的财宝。

◎ 让友谊伴随你一生

当我们面对自己的生活道路需要做出某种选择和决断时，来自朋友的一句支持和鼓励往往就能使我们坚定信心。

人的一生之中总是会遇到一些志同道合的朋友。这些朋友让我们这些独立降生在这个世界的个体不再孤单。友情给人温暖，给人安慰，给人力量。因为友情，原本陌生的人惺惺相惜，成了没有血缘的亲人。

所有的情感当中，友谊是最为纯粹的，它不像亲情由血缘和责任构筑而成，也不像爱情充满了激情和占有欲。它就是那么一种简简单单的东西，哪怕是一次愉快的谈话，一次契合的游玩，都可以成为友谊的种子，汲取时间作为养分，最后成长为一棵参天大树。

要想拥有真正的友谊，首先我们要抛开自私的想法。友谊的根深植于信任与分享的土壤当中，失去了信任与分享，那么再好的种子也无法发芽。

有一个年轻人在一场车祸中不幸去世了，在遇到神的时候，他问道："在我们的世界里，有着许多关于地狱和天堂的不同描述，你能不能让我看看真正的天堂和地狱有什么区别呢？"神答应了他的请求。

他们先来到地狱，年轻人看到地狱中到处都是瘦骨嶙峋、饱受饥饿之苦的灵魂。地狱的中间有一口大锅，锅里面装满了美味的食物，每个灵魂都争先恐后地将自己的勺子盛满食物。但是他们的勺子柄太长，很难将食物放进嘴里。

看过了地狱，神又将年轻人带到了天堂。天堂中间也有一口大锅，大锅周围的灵魂手中的勺柄也很长，但是每个灵魂用勺子盛满食物后，都会将勺子送到别人的嘴里。就这样你喂我，我喂你，天堂中的每个灵魂都吃得很饱。神说："你看到天堂与地狱的差别了吗？那就是分享。"

我的人生当中也有几位非常重要的朋友，他们对我的成功起到了很大的作用，甚至可以说，如果不是认识了他们，可能就没有今天的我。

赫蒙·克洛依是我的一位至交，他是我刚刚在写作和演讲事业上取得一些成绩的时候认识的。他从小就有写作神童和推销专家之称，后来更是在多家杂志发表了文章，帮助这些杂志变得更有名气。再后来，他在巴特瑞克出版社担任杂志编辑里欧多尔的助理。

我在纽约的时候很少和克洛依联系，但是我知道我们都在奋斗。一次外出度假时，我又遇见了克洛依。于是我们找到一家酒吧喝酒聊天，彼此交流在纽约的收获。

在交谈当中，我知道了克洛依通过工作之便认识了许多美国名人。当时的我非常渴望成功，我希望能够认识更多的人。克洛依就答应把我介绍给他的朋友。

后来我们回到了纽约，通过他的介绍，我认识了许多名人，包括著名的小说家、新闻记者、戏剧评论家等。在后面的人生中，这些人组成了我不可或缺的人脉。在这一点上，我永远都感激着克洛依。

我们两个都非常喜欢旅游，并且都喜欢出去游泳。有一次在旅游的时候，克洛依问我："亲爱的卡耐基，你为什么不写点儿什么呢？"我非常激动，这句话更让我把他引为知音，我告诉他说："我正在为此事做准备，相信我，我一定会成功的。"克洛依的一句提问将我犹豫不决的计划变成了现实，激发了我写作的欲望。在我畅销书的创作生涯中，克洛依的帮助和支持绝对是功不可没的。我深深地感受到友谊的力量有多么的强大，当我们在人生的道路中要做出某种选择的时候，往往朋友的一句鼓励会成为板上钉钉的最后一锤。

朋友的珍贵胜过世界上所有的金钱，朋友的恒久超越世界上所有的财富。但是在友谊当中，我们不能始终是索取的一方，有时候扮演给予的一方也会让我们的心灵获得莫大的快乐。

1935年，一位陷入绝望的古巴青年罗吉给我写了一封长信。在信中，他对我表达了他内心的困惑与彷徨，他的生活正处在崩溃的边缘，他渴望我的帮助，渴望我能将他拖出生活的泥沼。

我读完信后，对罗吉的遭遇感到十分同情，也被他的真情实意所打动。所以我很认真地回复了他对我提出的问题，我跟罗吉成了很要好的朋友。最后在我的帮助下，罗吉成了一名出色的律师，获得了爱情与事业的双丰收。在这次友谊的交互中，我处在了给予者的位置，他的成功里不得不说有我的功劳。看着他一步步成功，我也感到了莫大的慰藉，获得了许多快乐。

友谊的滋润是每个人都离不开的，友谊让我们在成功之路上少了一份阻碍。许多伟大的友谊流传千古。真正的友谊是纯粹的，是真诚的，是可以同舟共济、同甘共苦的。伟大的友谊将我们联系在一起，朋友为我们付出真心，我们也同样给予回报，让我们用一生的时间来培养这朵绚烂的友谊之花吧。

第八章 CHAPTER 8

驱散忧虑的阴云

忧虑会消耗精力，扭曲思路，更能挫伤壮志，让我们成为一个只会哀叹抱怨的人。所以，我们都迫切希望停止忧虑，开创更美好的人生。怎么做呢？卡耐基的一些指导可谓极佳的人生指南，若我们能虚心地遵循他的指导，必将驱散忧虑的阴云，避免许多的弯路，早日获得快乐和成功。

◎ 忧虑的巨大危害

忧虑不断地透支积极、正面、平和的情绪，这使得我们总是对一件事情纠缠不休，不能很快地原谅自己、原谅别人，我们总是难以释怀，并因此不断地胡思乱想。

忧虑是生活中极其常见的一种负面情绪，它无时无刻不伴随在我们身边，而忧虑大多都是来源于对未来的不安和不可预测。因此我常常在想，假如上帝赐予了我们预测未来的能力，那么我们是不是能够将生命中99%的忧虑都消除掉呢？当然，上帝并没有赐予我们这样的能力，但此刻，当我回过头去看自己曾经有过的大大小小的忧虑时，却不禁哑然失笑，它们很多根本就连发生的机会都没有，我却为那些从来不曾发生过的事情感到过困扰，这是多么可笑的事情啊！

我记得在我尚且年幼的时候，有一天我正在帮母亲摘樱桃，却毫无预警地哭了起来，母亲问我："你为什么要哭泣？"我当时的回答是："我很担心有一天自己会被活埋。"

每当想起那件事情，我依旧会觉得十分可笑，我已经不记得当时究竟为何会有这样一种念头，或许是看了某个可怕的故事，也可能是听说了某条惊悚的新闻，但当时，我确实陷入了忧虑之中，甚至一度为此而流泪。但如今，我甚至连"被活埋"的影子都没有碰到过，那时候的担忧和眼泪却是白白浪费了。

许多成年人的忧虑实际上也不比儿时的我少上多少，我的学员弗雷德·马克就曾与我分享过他在二战时期的一段经历。

那是 1944 年 6 月的时候，马克参加了诺曼底登陆战。在部队抵达诺曼底之后，马克躲进了一个长方形的防御坑中，那个防御坑非常小，只容纳得下一个人，像极了埋葬棺材的墓穴。据马克回忆说："我当时看到它的一瞬间便开始产生了忧虑，我在想，莫非它将会成为我的墓穴吗？"

这种忧虑持续了一段时间，并且让马克一度感到慌乱和痛苦。当天晚上，德军进行了一次轰炸，面对着密集的炸弹，马克心中的忧虑更加深重了，他陷入了严重的失眠之中。就这样痛苦地过了几天，马克感觉自己已经徘徊在崩溃的边缘了，他不断地安慰着自己："已经过了这么多个夜晚，我还活着，这难道不是一件好事吗？看看其他人，他们也都毫发无损，其实或许并不用如此担心。"

马克的自我安慰显然起到了一定的作用，当他调整好心态之后，他决定要做一些有意义的事情，而不是将时间浪费在无休止的担忧上。于是，他利用空余时间给自己做了一个木制头盔，用来保护自己的头部不被炸弹碎片损伤到。接着，他还做了一些测算，他惊奇地发现，从理论上来说，根据自己所处的防御坑的深度和角度，除非有一颗炸弹直接从自己头顶上落下，否则是不会伤害到他的。但显然，炸弹正好掉落在自己头上的概率也实在太小了！当意识到这一切之后，马克的忧虑顿时一扫而空，那一夜他终于睡了个安稳觉。

马克的忧虑实际上大部分士兵们也都曾经有过。我有一位曾经在海军服役的朋友，他告诉我，在他被分配到油船的第一天，就有一位军官将一些统计资料发到了他们手中，据这份资料显示：被鱼雷击中的一百艘油船中，只有四十艘沉没。而在这沉没的四十艘中，只有五艘油船上的士兵没有足够的逃生时间。也就是说，计算下来，油船发生事故后的逃生概率比交通事故的逃生概率还要大。

这份统计资料实际上正是官方用来安抚士兵的有力证据，为的正是杜绝一些不必要的忧虑情绪，以免影响到士兵们日常进行的工作。同时，这份资料也告诉我们，很多意外事故的发生实际上并不像我们所担忧的那么普遍，而对一件小概率事件产生忧虑并感到困扰，显然是一件十分愚蠢的事情。

忧虑不仅仅会影响到我们的情绪，更重要的是，它对我们的健康也有着难以估量的伤害。

著名的哲学家柏拉图曾说过："医生最大的错误在于，他们只关心病人的身体，却忽略了思想。但是，人的精神与肉体是一体的，不可分离。"

约瑟夫·蒙塔古博士在《神经性胃病》一书中证明了柏拉图的观点，他提到："胃溃疡的产生往往并不是因为你吃了什么，而是因为你正担忧着什么。"可见，人的情绪状况实际上对于身体的健康状况必然有着一定的影响。

罗素·赛希尔博士是康奈尔大学医学院著名的关节炎治疗权威，他曾列举出四类最容易患上关节炎的人群，即离婚者、孤寡者、情绪易怒者以及经济条件低下者。我们发现，这四类人普遍都是一些在生活上有所困扰的人，他们中的大多数必然都被忧虑的情绪所侵蚀。当然，造成关节炎的原因是多种多样的，但至少可以证明，忧虑确实与此有着不可忽视的联系。

忧虑对于龋齿的产生也有一定的影响，威廉·麦克格雷博士曾在一次关于牙齿健康的演讲中说道："忧虑、愁闷等负面情绪，可能会影响人体内的钙元素平衡，从而导致蛀牙。"

其至保持人体各项指标平衡的甲状腺实际上也会受到情绪的影响。记得有一次，我曾陪一位患有甲状腺疾病的朋友面见了一位在这个疾病治疗方面有着绝对权威的医学博士，当时，这位博士在见到我的朋友后，问的第一句话是："您正在被什么事情所困扰吗？"

而在看诊过后，这位博士则劝告我的朋友说："如果你不能控制忧虑的情绪，那么你很可能会因此而罹患心脏病、糖尿病、高血压等等。这些病看起来都是器官的病变，但实际上发生的原因和情绪上的忧愁大有关系。"

忧虑对我们所造成的伤害是不可估量的，而可笑的是，我们的许多忧虑常常都是没有意义的。当一件事情还未发生的时候，我们何必为此而感到忧虑？或许它根本就不会有发生的可能。而当一件事情已经发生的时候，我们又何必为此而感到忧虑？发生的事情永远不可能抹去，也绝对不可能改变，与其浪费时间忧虑，不如实实在在地做些事情解决问题。

◎ 勇于接受不可避免的现实

当意外撕开幸福的彩缎时，唯有依靠时间去修复，而我们要做的，就是给时间一个修复的机会。只要我们勇敢地接受不可避免的现实，拒绝沉浸在痛苦之中，那么，时间必然会助我们走过万水千山。

现实是残酷的，我们永远无法预知生活会在何时给予我们沉重的一击。

当乌云突然掩盖阳光，当狂风巨浪骤然而至，当生活被苦难所击倒，我们又该如何去面对呢？我们或许可以从荷兰阿姆斯特丹的一座 15 世纪留下的老教堂中找到答案，在这个老教堂的废墟里刻有这样一行字：事情既然如此，就不会另有他样。所以，对于必然之事，请轻快地加以接受。

是的，当悲剧骤然降临，当痛苦悄然而至，我们只有一种面对的方式，那就是坦然地面对它，接受它，这样才可能战胜它。

我曾在佐治亚州的大西洋城遇到过一个失去了双腿的男人，当时我正走入宾馆的电梯，而他正好坐在角落里的一把轮椅上。他是个非常有礼貌的男人，电梯抵达他所要到达的楼层时，我正站在他的前面，他礼貌地请我让一让，随后在出了电梯后，又微笑着对我说："真抱歉，给您添麻烦了。"我因此对他有了印象。

后来我们再次在宾馆中相遇，这一次，我问起了关于他的故事，他笑着对我说：

"那是在 1929 年，我二十四岁的时候。那天，我砍了一棵树，准备回去给花园里的植物做支架。我把树枝装在车上，照常开车回家。但没想到的是，就在车子转弯的时候，突然滑下一根树枝，卡住了车子的引擎。就这样，我连车带人一起冲出了道路，撞在一棵大树上。就是这次事故，让我丧失了双腿。

"最初的时候，我感到非常痛苦，并对命运充满了怨恨，我是一个好人，可上天为什么要让这样的事情发生在我身上呢？随着时间的流逝，这种痛苦渐渐减轻，而我也逐渐接受了现在的自己，同时也深刻地明白了，事情既然已经发生，再多的痛苦也是无济于事的，但那时我依然不确定应该怎么做。

"我想了很久，回忆到事故发生之后的事情，我周围的许多人都给予了我支持和鼓励，或许我可以尝试着先对每个人好一些。令我感到意外的是，在我决定并且确实这么做了之后，我竟逐渐成了一个受欢迎的人。

"在事故之前，我热衷于跑步，但在事故之后，我开始迷上了读书，这些年来，我已经读了上千本书，这些书让我看到了不一样的生活。从某种程度上来说，有些事情可能比事故发生之前更加美好了。我的意思是，以前我只是在表面上活着，现在我则学会了深入地思考、审视我的人生。虽然我的前二十四年身体健全，可是直到事故发生后，我的人生才真正健全，我不再只是一个跟着本能或者一时热情而活的人了，虽然我现在面临一些麻烦，但是我的每一天都有真正的意义和价值。"

这位坐在轮椅上的朋友你们或许也认识，他就是佐治亚州政府的秘书长本·福特。

发生在本身上的意外是令人痛心的，但本并未因此而消沉，在接受命运带来的悲剧之后，他让自己的人生变得更加精彩，同时也让自己的生命变得更加有意义。或许正如茨威格所说的："但这恰恰是命运的爱好，偏要以悲剧的形式来塑造伟人的生活。对最强者考验他们最强的力量，用事件的荒谬来反对他们的计划，用神秘的讽喻来编织他们的岁月，挡住他们走的路以便锻炼他们。"

人生不如意之事，十有八九，而面对这些不可避免的现实，我们唯一能做的就是坦然面对，勇于接受。当我们能够直面人生的时候，我们将看到全然不同的风景，感受截然不同的生活。

我认识一位哲学家，早年的时候，他和几个朋友一起住在一间狭小的房子里，生活非常艰辛，但他成天乐呵呵的，似乎完全不觉得辛苦。有人很奇怪，便问他："你和这么多人挤在一个小小的房间里，不觉得很难受吗？"

他却回答："我们住在一起，随时能够交流思想和感情，这是多么值得高兴的事情啊！"

不久之后，他的朋友们都搬走了，整个小房间只剩下他一人，这时，那人又问他说："现在只剩下你一个人孤孤单单了，一定很难受吧？"

他却笑着说："我终于可以享受到安静，认认真真地读书了，怎么会难受呢？"

过了几年，他搬走了，住进了一座七层大厦。他住在最底层，环境非常恶劣，楼上常常会丢下乱七八糟的垃圾。但他还是满不在乎，依然过得很快活，于是那人又来问他说："你住在这样脏乱的环境中，怎么还笑得出来呢？"

他回答："住在一楼，搬东西多么方便啊，况且我还可以在空地上种花草，日子过得挺快活，怎么会笑不出来呢？"

又过了一年，我的朋友和一位住在七楼的偏瘫老人换了房子，以便那老人进出。搬到七楼的他依旧每天开开心心，于是那人又跑来揶揄他道："这次又怎么样呢？七楼一定也有很多好处吧？"

他点头道："确实如此啊，现在没有人在楼顶干扰我，无论白天还是夜晚都能享受安静。况且，每天上下楼，也让我锻炼了身体。加之顶层光线好，大大方便了我看书写字啊！"

那个人实在忍不住了，问他："为什么你总是这样快乐？"

我的朋友回答他说："你无法控制别人，但你能够掌握自己；你不能左右天气，但你能够选择心情。"

当现实已经不可改变的时候，高兴是过日子，不高兴同样是过日子。当一切已成定局的时候，不论是好是坏，除了接受，我们没有其他选择。既然现实如此，我们又何必惧怕，何必逃避呢？对必然的事情，就让我们轻快地去承受吧。

◎ 运动锻炼，在汗水中释放忧虑

没有人在滑雪或做激烈运动的时候还在忧虑，因为他忙得没时间忧虑。忧虑的大山很快就变成微不足道的小丘，激烈的运动很容易就能将它"摆平"。当你忧虑时，多用肌肉，少用脑筋，其结果将会令你惊讶不已。

生命在于运动。于身体方面来说，运动能够让我们身体健康，并且拥有苗条的身材或强健的肌肉；而于精神方面来说，运动能够缓解我们的忧虑，同时稳定我们的情绪。因此，对于每天都要面对无数压力的我们来说，运动无疑是最好的减压方式。

我本人就非常热爱运动，不管多忙都一定会抽出时间在周末进行一些运动项目，例如打半小时沙袋，或者进行一场远足。在这些活动中，肉体或许会感到些许疲倦，精神却能随之得到放松。运动过后，再次投入生活和工作时，我才能够拥有清醒的头脑和充满活力的干劲。

从科学上来说，当我们在进行运动的时候，我们的身体会发生一些化学反应，将忧虑状态下所释放出的激素、葡萄糖以及油脂等成分驱散，同时提高肾上腺髓质分泌儿茶酚胺的能力，儿茶酚胺能够缓解忧虑。此外，在运动状态时，我们的大脑还会释放出一种名为 β–内腓肽的脑化学物质，从而改善人体中枢神经的调节能力，提高机体耐受力，令人产生平静和愉悦的感觉。

而从实际体验中来说，当人们进行某项运动的时候，必然会集中精力在这项运动上，无形中就分散了对忧虑的感知力和注意力。比如在进行滑雪运动或网球运动等竞技性的运动时，相信你会忙碌得根本无暇再去思索那些令人感到烦闷忧虑的事情。

运动可以说是负面情绪的最佳"解毒剂"。我常常告诉我的学员们，如果你感到忧虑，那么就尽量将你的肌肉调动起来，让你的大脑得到休息，在挥洒汗水过后，我相信大家都会得到令人惊讶的体验。

亨利·林克博士曾在他的著作中谈到过这样一个案例：

林克博士曾遇到了一个试图自杀的人，当时那个人情绪十分低落，对一切都充满忧虑，生活在他眼中只剩下绝望。于是，林克博士对这个人说："既然你想自杀，那么不如选一个英雄般的方式吧——绕着这条街跑步，直到将你自己累死！"

那个绝望的人果然听从了林克博士的话，决定尝试这样的死法。他一连跑了三个晚上，情绪却一晚比一晚好得多，而自杀的欲望也越来越小。终于在第三个晚上，这个人打消了自杀的念头。后来，他加入了一个体育俱乐部，热爱上了各种各样的运动，并再也没有想过自杀。

显然，林克博士给他的"自杀建议"帮了他大忙，正是跑步这项剧烈的运动帮助他排解了内心的忧虑情绪，从而使他再次燃起了活下去的勇气和信心。在大部分的情况下，当你莫名感到不愉快时，要么是因为太久没有读书，要么就是因为太久不曾运动。

为了保持身体的健康以及情绪的愉悦，希望每个人都能坚持培养运动的习惯，在这里，我将给出一些运动方面的小建议：

第一，循序渐进。

如果你是一个没有运动习惯的人，那么就从一些强度较弱的运动开始，运动时间也不宜过长。如果你一开始就选择高强度运动，且运动时间过长，那么不只身体方面难以承受，在精神上恐怕也会因为身体的疲乏而难以坚持下去。因此，一定记住，运动就和做事一样，讲究循序渐进。

第二，分时段锻炼。

在运动的时候，我建议大家能够分时段进行，而不是把一天的运动全部集中到一起。分时段进行运动一方面分散了运动强度，有助于坚持，另一方面也不易造成身体疲乏，影响到正常的日常生活。

第三，做一个短期计划。

在运动的时候，根据身体不同时期的状况，运动的强度和方式也应有所调配。因此，不妨给自己制订一个短期计划，在坚持完成短期计划之后，再根据当时的身体状况做出调整，制订下一个短期计划。

第四，重视运动的过程而非运动的结果。

依靠运动挥洒汗水，摆脱忧虑情绪，其重点在于运动本身所带来的乐趣，而不是运动最终能够带来的结果。因此，我建议大家根据自己的喜好去选择适合自己的运动，并放松身心地去享受运动所带来的乐趣。如果过于关注结果，那么很可能会忽略运动过程中的有趣之处，如此一来，反而可能让自己更加紧张和忧虑。

不管你有多么忙碌，请抽一些时间来为运动让道，生命在于运动，运动不仅仅能够带给你健康的身体，更能带给你积极的情绪。

◎ 学会放下，不再忧虑

追求的东西越多，忧虑就离你越近。当真的放下这些追求时，才能感受到来自心底的最真实、最痛快淋漓的快乐。所以，要想快乐，就必须懂得放下，放下一切压迫心灵的重负。

通往成功最大的阻碍往往在于我们背负了太多忧虑。我们都会担心自己某件事情做得不够好，或忧心出现不可预测的意外状况，这些莫名的忧虑，使得我们前进的步伐充满犹豫，自身所具备的能力也会在这种忧虑和紧张的氛围之中大打折扣。

记得我第一次站上演讲台的时候，同样充满了担忧，我在脑中不断想着：如果忘记演讲词该怎么办；如果观众不喜欢我的演讲该怎么办；如果台下反应平淡该怎么办……这些担忧甚至让我的喉咙发不出声音，让我的舌头不住地颤抖。就在那个时候，我想起了一个令人尊敬的人——著名的物理学家、化学家以及演说家迈克尔·法拉第。

迈克尔·法拉第在演说方面取得的成功曾经令无数的青年演讲者敬佩不已，但鲜为人知的是，法拉第的第一场演讲可以说是糟糕透顶。

法拉第一直是个口才出众的人，也正是这一特点使得他一直渴望成为一名优秀的演说家。为了实现这一愿望，他一直用极高的标准要求自己，并在心中一遍遍告诉自己绝对不能出错，一定要给观众留下深刻印象。

但正是这一渴望和追求，无形中给法拉第造成了严重的心理负担，使得他第一次登台演讲就被忧虑所困扰，他面对着观众，脑海中只剩下一片空白，紧张和怯场的感觉接踵而至，最终，法拉第结结巴巴地完成了这场演讲，面红耳赤地离开了演讲台。

这次失败的经历让法拉第感到非常伤心，但他同时也发现了自己存在的问题。于是，法拉第决定要彻底改变自己，他不再去想那些掌声和赞扬，也不再担忧各种各样的问题，他告诉自己：我并不需要紧张，我只是来演讲的，我的目的是向听众们宣传我所信奉的真理，只要其中有人能够接受我的观点，赞成我的主张，那么我的目的也就达到了。至于台下会有多少不屑，台上会出现多少错误和尴尬，实际上对我来说都没有什么关系。即便最终失败了，我的生活依然可以继续，所以，根本不需要担心什么。

在这样的自我告诫下，法拉第的情绪渐渐平复下来，他以轻松愉悦的心态再次站上了演讲台。这一次演讲，他的注意力只在演讲本身，而不再去担忧观众的反应，他心中的忧虑自然也一扫而空，整个演讲的气氛变得和谐欢畅。

很多年之后，曾有观众问起法拉第，他的演讲获得成功究竟有什么秘诀，当时法拉第是这么回答的："只要我表达清楚了自己的观点就好，演讲中没必要去担忧太多，也不要总是渴求别人赞许的目光，努力放开自己，这样就好了。"

法拉第的故事让我找回平静的心，诚如他所说的那般，我只是来向听众宣传我所信奉的真理的，不管最终台上或台下会发生什么事情，都不会阻止我继续生活下去。当我最终能够放下心中的得失和名利之后，我的演讲获得了成功。

对成功的渴望是鞭策我们前进的动力，但有时也会成为阻碍我们前行的障碍。当这种渴望已经成为一种忧虑，时时困扰着我们的时候，我们或许该想想，如何将它放下，以一颗平常心去对待。有心栽花，花未必能开，无心插柳，却可能绿柳成荫。

放下是一件不容易的事情，但放下往往是为了能够走出更远的道路，攀登更高的山峰。人的一生总是容易被很多事情所困扰，除了过多的追求和渴望之外，还有那些已逝去的昨天。但正如泰戈尔所说的那般："如果你为错过太阳而流泪，那么你也将错过群星。"

我认识一位非常坚强的女士，我们都称呼她为尚德太太。

尚德太太的丈夫死于1937年，那个时候她是一个彻彻底底的家庭妇女。失去丈夫不仅让她的精神备受打击，同时也让她的生活失去了保障——

她完全没有任何经济来源。

在结婚之前，尚德太太曾是一名推销员，因此，在失去丈夫之后，为了生活，她再次找到了曾经的老板，并请求他让她回去继续工作。

要做这份工作，尚德太太就需要有一辆车，但之前，为了给丈夫治病，她已经变卖了家里的汽车。于是，她只能想办法将所有的钱凑在一起，并向银行借了一部分款项，买了一辆二手车，以展开自己的推销工作。

在最初的日子里，尚德太太过得非常痛苦，她说："我原本以为将注意力集中在工作上可以让我暂时忘却失去丈夫的痛苦，但实际上，这种痛苦无时无刻不萦绕在我的心头。当我一个人开车去工作的时候，当我一个人在快餐店解决午饭的时候，当我一个人回到空荡荡的家中的时候……这样的生活简直让我感到崩溃。"

除了心灵上的折磨以外，尚德太太还要面对还贷的压力，可想而知，那段日子里她的生活是多么灰暗和绝望。

在这样的折磨与痛苦之中，尚德太太的推销工作同样也没有任何起色，据她回忆，那个时候她几乎已经对生活绝望了，而她没有选择自杀的原因是：她的亲妹妹根本没有能力支付她的丧葬费用。

回忆起那段日子的时候，尚德太太说："那些日子我充满了恐惧，我害怕还不起汽车贷款，害怕付不出房租，甚至怕有一天连食物都买不起。我以为我的人生已经完结了，直到有一天，我读到了一篇文章，里面的一句话深深地打动了我，那句话是这么说的：'对于聪明人而言，每天都是一次新生。'"

这句话彻底改变了尚德太太的生活，她将这句话打印出来，贴到每一个她常常会看到的地方，比如汽车的风挡玻璃、床头、写字台等等。她开始将每一个昨天放下，充满希望地享受属于她的每一个"新生"。

当尚德太太不再纠缠于过去的时候，她突然发现生活中的一切都豁然开朗，那些日夜缠绕的恐惧与忧虑也一扫而空，她不再沉沦于苦难的昨天，也不再去忧虑未知的明天，而是轻松地享受今天，过好今天。

如今，尚德太太依然开着她的车进行推销工作，她依然一个人坚强地生活着，在她的脸上，你总是能够看到令人目眩的笑容。

人之所以感到痛苦，往往是因为沉沦于过去，担忧着未来。但昨天已经消逝，无论你如何缅怀，也不可能让时光倒流回去，而明天还未到来，不管你多么担忧，也不过是一场空想。何必因那些逝去的或未知的事物而浪费自己的精力，致使自己错过最真实也最宝贵的现在呢？

人若是想要活得快乐，活得轻松，就要懂得放下。放下过多的追求与渴望，以一颗赤子之心去做你想要做的事情；放下昨日的牵绊，无论快乐还是痛苦都已经逝去；放下对明天的忧虑，该来的始终会来，不该来的无论如何也盼不来。

◎ 自我暗示，看不见的法宝

如果我们想的都是快乐的念头，我们就能快乐；如果我们想的都是忧虑的事情，我们就会忧虑。这就是自我暗示的作用。

不久之前，我在一本科学杂志上看到了一个实验：科学家将一些水平相近的篮球队员分成了三个小组，第一组在一个月内停止练习自由投篮；第二组则在一个月内每天下午都到体育馆练习投篮一小时；第三组则在一个月内每天在脑海中想象练习投篮一小时，并且暗示自己，在练习中每一个投出的球都能得分。

一个月之后，科学家对这三组队员分别进行了考试，结果发现，第一组队员的平均投篮命中率下降了三个百分点，第二组队员的平均投篮命中率上升了两个百分点，而第三组队员的平均投篮命中率上升了整整四个百分点。

这个实验结果令人感到非常意外，想象中的练习竟能比真实的练习更有效果吗？事实上，这正是心理学上的"自我暗示"的作用。第三组队员每天进行的"想象练习"实际上正是一种自我暗示，在这样的积极暗示下，天长日久，他们将会对此深信不疑，内心的力量也得到了相应的增强，随着自信心的增强，行为能力也会有相应的增强与提高，从而提高了投篮命中率。

这种自我暗示的力量是非常强大的，当你坚信自己能够做到某件事的时候，往往能够激发出比平时更大的潜力，从而能够更好地完成那件事情。正如我曾数次在演讲中提到的——当你生动地将自己想象成为一个失败者的时候，你将难以取胜；但当你生动地将自己想象成为一个成功者，那么你将会获得无限的成功。伟大的人生总是开始于你脑海中为自己设想的蓝图，当你坚定不移地认为自己会成为一个什么样的人时，你的潜意识将会驱使你的意志力和行动力向这个方面发展，并最终让你接近或成为你所认为的那种人。

前一阵子，我的学员赫德里克太太向我们分享了她的故事。

她曾经是个快乐而平凡的家庭主妇，拥有顺利和谐的生活，但后来，一场可怕的车祸摧毁了这一切。

车祸发生之后，医生诊断赫德里克太太为脊椎骨折，但在进一步检查后，医生又发现，她的脊椎骨虽然并没有断裂，但骨骼的表面长出了骨刺。赫德里克太太在静养一段时间之后，接到了一个极坏的消息：检查结果表明，她很可能在数年之后就陷入瘫痪状态。

这个结果是非常可怕的，赫德里克太太回忆说："当听到这一切的时候，我立刻愣住了，我向来是个闲不住的人，并且在我的人生中几乎从未遭遇过什么重大的挫折。现在，不幸突然降临，让我猝不及防。我感到我失去了所有的勇气，我的人生陷入了一片灰暗。"

在这样的情况下，赫德里克太太经历了一段非常低迷的时期，她感到自己越来越衰弱，对生活的勇气和希望也逐渐被漫长的痛苦磨灭殆尽。所幸这样的情况并没有持续很久，一天早晨，当赫德里克太太从睡梦中醒来的时候，她突然想通了一件事情。

她说："那天早晨我睁开眼睛，突然一个声音出现在我的脑海中，那个声音在问我，既然还没有瘫痪，那么我为何要早早地放弃自己呢？与其整日怨天尤人，我是不是应该做些什么事情，让自己避免瘫痪的命运呢？医学正在快速发展，只要我积极治疗，坚持不懈，绝对不放弃自己，那么或许一切都有转机。"

当她脑海中出现这个念头之后，赫德里克太太顿时感到豁然开朗，从那天以后，她几乎每天都要告诉自己："你要相信，只要你足够坚强，那么病魔便不能让你屈服！"在这样的自我暗示下，赫德里克太太心中的恐惧一扫而空，并对生活重新拾起了希望。

那已经是五年前的事情了，而如今，赫德里克太太是用自己的双腿站在我们面前，与我们分享这一段经历的。她笑着告诉我们："我前几天刚去做过身体检查，医生告诉我说，我的状态非常良好，即便再过五年，也不会有任何问题。如果那个时候，我没有告诉自己要坚持下来，永不放弃，那么现在，或许你们只能看到一个坐在轮椅上的我了。"

在最黑暗的日子里，是自我暗示的力量给了赫德里克太太坚持下去的决心与希望。在我们的人生中，总是难免会遇到一些令人感到痛苦和迷茫的事情，这种时候，积极的自我暗示往往能够带给我们足够的信心与勇气，让我们在绝望中看到一丝希望，并在这丝希望的激励下创造出奇迹。

自我暗示的力量是非常强大的，它能直接影响到我们的生理行为，从而对我们的生活与工作产生一定影响。

美国田纳西州有一座工厂，在这座工厂里工作的大部分工人都来自于附近的农村。这些工人习惯生活在旷野中，突然转变环境进入车间工作，自然有诸多的不习惯，因此工作效率非常低下。为了激励这些工人，调动他们的工作积极性，工厂管理者提出了一系列的奖励措施，但依然不见成效。

后来，经过多番调查询问，工厂管理者才知道，原来有个问题一直困扰着这些工人：他们认为狭小封闭的车间空气太少，待得久了会让他们的身体感到不适。

在找到问题的症结之后，工厂管理者对工厂的空气循环系统进行了大力改进，并多次向工人强调这一空气循环系统的强大效用，但这一问题仍然没有得到解决，大部分工人在车间进行长期作业后依然表现出了不舒服的症状。

就在工厂管理者无计可施的时候，一名心理学家给出了一个建议：在每一道窗户和排气扇上都系上一条轻薄的丝巾。

令人感到惊讶的是，这一简单的动作完成之后，工人们再也没有因为"空气稀薄"而感到不适，工作效率也有了显著的提高。

在窗户和排气扇上系上丝巾，实际上对于空气的流动没有任何影响，但为什么能解决工人们的问题呢？事实上，工厂的空气循环系统是没有任何问题的，导致工人们感到不舒适的原因，只不过是他们的"心病"。

这些工人早已习惯了在旷野中工作，喜欢呼吸新鲜的空气，而车间的封闭性无疑会对他们造成一种心理上的压力，使得他们处于一种"空气不足"的担忧状态中。心理学家让工厂管理者在各个通风口系上丝巾，实际上是借由丝巾的飘动，来让工人直观地感受到空气的流动，让他们从心理上确信，这里一直有足够的空气流通着，从而治好了他们的"心病"。

可见，心理暗示的力量是多么强大，它可以让你在相同的情况下拥有截然不同的感受。在生活中，我们不能选择自己遇到的事情，但我们能够选择面对事情的态度。善用自我暗示这个"法宝"，快乐与痛苦不过就在一念之间。

◎ 别让压力挤走了快乐

今天就是你昨天所担心的明天，如果你不能马上抛弃压力，你就完全可能处在永远的忧虑之中。

人只要生存于这个世界上，就不可避免地要面对各种各样的压力，这些压力来自工作、生活、家庭、人际关系等方面，对我们的生理和心理都造成了极大的影响。

几年前，我曾参加过一个医学讲座，这个讲座非常独特，主要是治疗一些由心理问题导致身体病痛的病患，而讲座正是由著名的医学博士约瑟夫·波雷特所发起的。

1930 年，约瑟夫·波雷特博士发现这样一个状况：许多到医院就诊的病患在生理上并没有任何问题，但他们坚信自己正感受着某种病痛所带来的折磨。

在波雷特博士所接待的病患中，有一名女患者一直坚称自己患了严重的关节炎，以致无法进行正常活动，但事实上，一切检查都证明，这位女患者非常健康。这样的情况层出不穷，很多患者身上都出现了这一令人感到匪夷所思的状况。

这一情况引起了波雷特博士的重视，他认为，导致这一情况的根源，主要来自病患的心理状态，于是，为了治疗这些病患，波雷特博士正式发起了这一医学讲座。

这个医学讲座的治疗方式非常有趣，它更像是一场相互倾诉的大会。患病的人们参加这一讲座，然后尽可能地向众人谈论自己所遇到的问题，并分享自己深埋在心中的烦恼，对于这一过程，该讲座的医学顾问罗斯·海德医生称之为"清除效果"。海德医生认为，这种由心理问题所引发的疾病感受，其根源就在于压力，病患正是因为承受压力导致内心的紧张和忧虑，最终引发了生理上的不适。而要治疗这种"疾病"，最佳的方式自然是帮助病患排解他们的压力，"清除效果"正是为了达到这一目的。

在参加讲座的过程中，我采访到了一位对该讲座非常了解的女士，这位女士已经参加了九年波雷特博士的讲座，她说："当我第一次来参加这个讲座时，一直认为自己患有非常严重的心脏病，并且肺部功能有异常。有时我甚至因为太过于担忧自己的身体状况而导致短暂的视力问题，而这又让我开始担忧自己或许有一天会失明。我一直被这些情况所折磨，以致一直都有些神经兮兮，甚至有时候会生出求死的念头。在参加这个医学讲座之后，我开始逐渐明白，正是我的担忧给我的生理和心理都造成了巨大的压力，最终引发了这些问题。这九年中，我一直都参加这一医学讲座，现在我非常健康，什么心脏病、肺病，实际上都和我没有任何关系，我现在过得非常快乐。"

生活中压力无处不在，但我们常常忽略压力所带来的负面影响。在我所参加的医学讲座上，那些认为自己患有某种严重疾病的人，实际上正是压力的受害者。压力剥夺了他们的健康，挤走了他们的快乐，在不知不觉间磨灭了他们生活的光辉。

每个人对压力都有一定的承受范围，当所背负的压力超出这一范围的时候，必然会引起难以抑制的忧虑和恐慌，从而影响到正常的工作和生活。但有趣的是，一份研究调查显示，我们身上所背负的绝大部分压力，实际上根本毫无意义：

1. 人们忧虑的事情有 40% 永远不会发生。

2. 30% 的忧虑涉及过去做出的决定，而这些都是无法改变的。

3. 12% 的忧虑是出于自卑感。

4. 10% 的忧虑与健康有关，而越担忧问题就会越严重。

5. 只有 8% 的忧虑可以列入合理的范围。

确实如此，我们身上所背负的大部分压力其实并非不可避免，过度忧虑只不过是一种庸人自扰的表现。如果你有时间将那些让自己产生压力的事情一一写下，那么你会发现，事实上其中很多事情根本不值得你去烦恼，而很多事情甚至根本就没有发生。

我曾就这一理论与我的一名学员伯莱克进行过探讨，而在十八个月后，他证明了这一观点的正确性。

伯莱克原本是个无忧无虑的人，但在某一年夏天，他突然感到全世界的压力似乎都重重地落在了他的肩膀上，这些压力逼迫得他忧虑不堪，夜不能寐，而这也是他参加我的培训班的原因之一。

我与伯莱克进行了一番谈话，我希望他将困扰自己的压力写在一张纸上，他一共罗列出了六条：

第一，他所创办的商学院正处于破产边缘。

第二，他的儿子在军中服役，他非常担忧他会遭遇到一些危险。

第三，俄克拉何马市政府计划收购大片土地来建造机场，他的房子正好处于计划收购的土地范围内。而根据他所听到的消息，他或许只能拿到房子总价值的十分之一作为补偿金。而失去房子也将给他一家六口造成非常巨大的麻烦。

第四，他后院的井已经干涸了。

第五，他的汽油卡是"乙级汽油卡"，这意味着他不能购买新的轮胎，因此他非常担忧，一旦自己的老福特车爆胎，将会让他无法顺利上班。

第六，他的大女儿很快要上大学了，他却没有足够的资金。

当他将这些让他产生压力的事情罗列出来之后，我告诉他，我愿意和他打赌，他所担忧的这些事情，几乎90%都不会发生。当时他感到不以为然，收起了那张他所罗列的单子。

十八个月后的一天，伯莱克在整理文件的时候突然又看到了这张单子，他重新看了一遍这六条曾经几乎让他崩溃的压力，发现他几乎已经遗忘了这些事情，而这些曾经让他忧虑不已的麻烦，似乎都在不知不觉中解决了，甚至他所担忧的某些事情，直至现在也没有发生。

很多人其实都和伯莱克一样，常常会被一些根本不值得忧虑的事情所困扰，以致让自己背负过多的压力，进而失去了健康，失去了快乐，甚至失去生活的动力。其实，在生活中，我们所背负的大多数压力都是毫无意义的。对于还没发生的事情，我们无须为之苦恼，因为或许它根本就没有发生的可能。而对于已经发生的事情，我们更不必为之担忧，如果我们有解决的办法，那么它终究会得到解决，如果我们没有解决的办法，那么即便日日放在心头，也不会有任何帮助。

人活于世，必定会遇到各种各样的麻烦，各种各样的压力，如果全部揽在身上，恐怕再坚实的身躯也终将被压垮。不要让自己长期处于压力之中，更不要让压力夺走你的健康，挤开你的快乐。

写下你的人生规划

　　如果你不想平平庸庸、浑浑噩噩地虚度人生，就该提早确定自己的人生目标，对自己的人生进行合理规划。这是对人性弱点的挑战和考验，这是一条艰辛而漫长的路程，但别忘了，只有站得高，看得远，规划好，才能拥有更好的人生。所以，一切都是值得的。

◎ 目标是人生的灯塔

　　　　我们应该计划十年以后的事情，如果你希望十年后变成怎样，现在就必须变成怎样。没有生活目标的人永远无法获得成功，因为没有了目标，我们根本没法成长。

　　建造楼房之前，我们需要制订出明确的规划，绘制出清晰的蓝图，确定我们将要建造什么样的楼房，然后根据所需打地基、建房子，这样才能够建造出理想的牢固的房屋。人生其实也是如此，我们首先要为自己定一个目标，在该目标的指引下，我们才可能坚定不移地向前迈进。

　　目标就如同我们人生道路上的灯塔，指引着我们前进的方向。一个人如果没有目标，那么他的人生无异于在黑暗中进行远征，永远不知道该向何处，永远不知道该做何事。但一个人如果有着明确的目标，那么他必然清楚自己需要的是什么，前进的道路究竟指向何方，在这样的情况下，相信无论任何艰难困苦都不可能阻止他前进的步伐。

　　我曾看到过这样一个实验：

科学家将一些年龄和体能都比较相近的实验者随机分为两组，让他们分别进行一场大约十六公里的徒步旅行，目标是某个城镇。

第一组人得到了一名导游，但他们没有被告知关于目的地的任何情况，比如具体位置、路程远近等。他们需要做的，就是跟随导游一直走到目的地。

第二组人则被告知了该城镇的名字以及大概路程等等，但是没有导游，他们只能根据路标前往目的地。

实验开始之后，科学家们发现，第一组人仅仅走了大约不到一半的路程，就开始怨声载道，甚至有大半人说什么都不愿再继续前行，强行退出了旅程。第二组人的情况却完全不同，他们始终兴致勃勃，根据地图和路标的指示，最终全员抵达了目的地。

通过这一实验，我们完全见识到了目标的意义与重要性。

实验中的第一组人实际上就如同生活中那些没有目标，只懂得跟随大流前行的人，他们不知道终点在何处，也不知道距离终点究竟还有多远，他们只懂得跟随大众前行，漫长的旅途对于他们而言就像是无边的黑暗，不知延伸到何处。而第二组人实际上就如同那些懂得自己需要什么，并对自己的人生有着明确规划的人，在人生的道路上，他们或许没有引路的向导，但他们清楚自己的目的地究竟在何方。在步步接近目的地的过程中，他们感受着一个个小小的胜利，这些小小的胜利最终将成为支持他们继续前行的动力，让他们得以走到终点。

人生的道路非常漫长，没有目标的指引，我们随时可能迷失在征途之中，误入曲折之境。我们在人生道路上的选择和行为实际上都是与我们的目标和信念相匹配的，如果一个人对自己没有要求，对人生没有目标，那么他对待生活的态度必然是得过且过。但如果一个人非常明确自己的想法，知道自己要走向何方，那么他必然不会浪费时间、浪费精力去做一些毫无意义的事情，而是会勇往直前，努力成为自己想要成为的那种人。可以说，目标决定了我们的人生方向。

著名的石油大王约翰·洛克菲勒在年轻时也曾有过一段迷茫彷徨的岁月，那个时候的他终日游手好闲，得过且过，根本不知道明天会走向何方。

一次，他像往常一样，漫无目的地出门，随意拦下了一个农民的马车。上车之后，农民问洛克菲勒："先生，请问您将到何处去？"

洛克菲勒回答："我将要去一个我十分喜欢的地方，就让漫长的道路将我带去吧！"

听到洛克菲勒的回答，农民皱了皱眉，然后不屑地说："你连一个明确的目的地都没有，我又怎么带你去呢！"说完之后，农民便把洛克菲勒赶下了车。

这件事情让洛克菲勒猛然惊醒，他突然意识到，自己的人生已经浪费了大半在迷惘的道路上，他不能再继续浑浑噩噩地生活下去，他必须要为自己确立一个目标。

在确立自己的目标之后，洛克菲勒如同变了一个人一般，开始努力奋斗，也不再做那些毫无意义的事情。多年后，他终于凭借着自己的努力和智慧建立起了一个庞大的石油帝国。

想要成功，就必须为自己设立一个目标，一个连目标都没有的人，又怎么可能知道成功的道路藏在何处呢？很多在事业上能够取得成功的人都如同洛克菲勒一般，有着清晰而高远的人生目标，在树立目标之后，才可能将所有精力集中于一点，突破重重阻碍，最终抵达成功的彼岸。

目标就如同人的信念与希望一般，在指向目标的征程之中，人往往能够爆发出惊人的力量。但如果失去目标，则可能从此一蹶不振。著名的精神分析医师，《夜与雾》的作者法兰克在研究被纳粹囚禁在集中营的犹太人时发现，很多犹太人为了能够让自己在痛苦与折磨中坚持存活下去，往往会给自己设立一个"最后期限"，他们一遍遍地告诉自己，在最后期限到来之前，必须要忍耐下去，他们坚信，在这个"最后期限"之前，一定能够等到联军的拯救。

法兰克发现，在明确这个期限和目标之后，这些犹太人都会表现出惊人的毅力，无论面对多么恶劣的环境或多么苦痛的折磨，他们都能够坚持下去。但如果时间超出了他们为自己定下的最后期限，那么在短短几天内，他们就可能丧失信念，迅速死去。

"最后期限"对于这些处于苦痛中的犹太人而言，就如同生命的目标。当这个目标存在于心中之时，他们将为之排除万难。而一旦失去了这一目标，他们也就等于失去了生活的希望和信念。

人生的道路何其漫长，目标就如同黑暗中的灯塔，指引着我们前进的方向。无论我们遇到怎样的艰难险阻，无论我们陷入怎样的沼泽泥淖，只要灯塔依旧明亮，我们终究能够找到未来的方向。

◎ 全心全意地做一件事情

把你所有的鸡蛋都放进一个篮子里，接下来你要做的，就是看紧这个篮子，别让任何一个鸡蛋掉出来。当我们确定了目标之后，就不要心有旁骛，不要把精力分散在过多的杂事上。

那些能够取得伟大成就的人，无论出自哪一个领域，几乎都有一个共同之处——不管他们做什么，必定都是全心全意、心无旁骛。

在投资界有一句名言，即"不要将鸡蛋全部放在一个篮子里，否则篮子一旦掉在地上，所有鸡蛋都会摔碎"。但在成功的道路上，钢铁大王安德鲁·卡内基却奉劝我们："将所有的鸡蛋都放在一个篮子里，而你接下来唯一要做的，就是专心看好这个篮子，不要让任何一只鸡蛋掉下来。"

投资要求我们分散目标，为的是降低投资风险，尽可能地保存自己的实力。但在成功的道路上，我们则需要集中所有注意力去拼搏，去突破重重困难，最终才可能抵达成功的巅峰。在现实里，能否成功并不在于你做了多少项工作，而是在于你所做的这些工作中，有多少是能够有现实价值和现实意义的。

被称为"发明大王"的爱迪生一生拥有众多发明，他的发明涉及了光、电、磁、化学、生物学，以及机械等多方面。曾有人问爱迪生说："你能够如此成功的首要因素是什么？"

爱迪生说："每个人做事的时间都是有限的，我与他们不同的一点在于，大多数人一直在做一些事，而我一直只做一件事。如果他们愿意将做一些事的时间和精力集中在做一件事上，那么我想他们也能获得成功。"

诚如爱迪生所言，在他的一生中，虽然研究领域涉及各个方面，但无论何时，他一次只会专注于一件事情上。比如研究电灯的时候，他绝不会同时研究蓄电池或留声机，他只会将所有的注意力都投注在电灯上，而这，也正是他取得成功的关键因素。

这个世界上，除去天才与白痴之外，大部分人的智商和理解能力实际上都相差无几，但这些在智商和理解能力上相差无几的人，所取得的成就却有天壤之别，而这其中最为关键的一点就在于，是否能够专注地做一件事情。针尖虽小，却能刺破布匹；刀锋虽薄，却能披荆斩棘。当我们能够将力量集中、专注在某一件事情上时，才可能爆发出最强大的力量，突破成功道路上的重重阻碍。

我曾给我的学员们讲过一个故事，故事的主角是美国著名作家卡尔·桑德堡。

众所周知，卡尔·桑德堡曾著有一部四卷本的《亚伯拉罕：战争的年代》，这部书获得了 1940 年的普利策历史著作奖。据说，在桑德堡创作《亚伯拉罕：战争的年代》的时候，他一直居住在密歇根湖边，每天早晨在固定的时间，他都会出现在沙滩上，一边漫步，一边思索他的作品。

居住在附近的几个当地人对桑德堡感到非常好奇，觉得他是个非常有意思的怪人，于是就决定与他开个玩笑。一天早上，这几个当地人花钱雇来了一个高高瘦瘦的演员，给他戴上了高帽子并贴上了长胡子，打扮得极其滑稽，并在桑德堡出现的时间，让他向桑德堡走去，他们则躲在远处看热闹。

但可惜的是，他们没有看到任何期待中的景象，在与那个打扮奇异的演员擦肩而过时，桑德堡只是微微抬起头看了他一眼，除此之外，他的脸上甚至连一丝其他的表情都没有，他实在太专心了，根本没有任何心思再去注意别的事情。

桑德堡不仅仅是一名优秀的传记作家，同时也是著名的诗人。1950 年的时候，桑德堡凭借《诗歌全集》再次获得了普利策奖。

虽然桑德堡既擅长论文，同时也擅长诗歌创作，但他每次只会专心创作一部作品。在埋头创作《亚伯拉罕：战争的年代》的时候，他几乎不曾想过任何关于诗歌的东西。而在创作诗歌的同时，他也不会再做别的事情。正是这种对创作的专注，使得桑德堡在传记和诗歌方面都取得了伟大的成就。

当一个人懂得全心全意地专注于做某件事情的时候，他必然会在这件事情上获得意想不到的收获。相反，如果一个人试图做好所有事情的话，那么最终他可能一件事情也无法完成。

我有一位非常聪明且勤奋的朋友，他曾经计划在三年内做完几件事情，分别是：准备会计师资格考试、法语自学考试、律师资格考试以及研究国际象棋。

这位朋友确实是个非常聪明的人，同时也极其能吃苦。在这三年内，他如愿通过了这三门考试，同时象棋水平也基本达到了业余段位。可以说，他算是圆满完成了自己的"三年计划"。但问题在于，他在这三年内所做成的事情，对于他的生活和事业来说，几乎没有任何影响或改变。

他通过了会计师资格考试，但由于缺乏实际经验，除了拥有一个合格证书之外，他并不具备会计方面的工作能力；他通过了法语自学考试，但显然他并没有用心去提高文学方面的造诣；他通过了律师资格考试，但他实际上是个不喜欢与人争论的人，更别说具备滔滔的雄辩口才；他掌握了国际象棋的基本规则，得到业余段位，但也就仅限于此，再无任何突破……

最终，他这三年虽然看似完成了许多事情，但从实际效用上来说，他没有真正完成任何一件事情。更重要的是，为了完成这些事情，他花费了太多的时间，以致影响了自己的本职工作，引起老板的强烈不满，致使自己失去了宝贵的升职机会。此外，由于太过忙碌，他疏忽了与女友之间的关系，最后两人以分手收场。

三年内能够完成这么多事情，可见我那位朋友确实聪慧，并且能够吃苦耐劳，但可惜的是，他过多地分散了自己的精力，以致在每一件事情上都未能取得成绩。如果他一开始没有为自己确定如此多的目标，只专注在一件事情上，凭借他的聪明和努力，或许结果就完全不一样了。

　　人的精力是有限的，我们的目标设定得越多，为目标而拼搏的力量将会变得越薄弱，取得成功的可能性自然也就越小。要知道，当我们把鸡蛋分散在多个篮子中时，一旦出现问题，我们不可能同时接住这么多的篮子。只有将鸡蛋集中放在一个篮子里，我们才有可能保证每一个鸡蛋的完整。

　　在现实生活中，很多人都无法完成最初的梦想，其中很大一部分原因其实就在于，他们将自己的精力过多地分散到了其他事情上，以至于无法在最初选择的道路上倾注更多的时间与精力去拼搏，最终导致一事无成。

　　在这个世界上，我们可以选择做很多事情，但最终真正能够抓在手中的东西实际上并不多。因此，一生只专注于一项事业，每天只专注于做一件事情，恰恰正是通往成功最快捷也最有效的方法。

◎ 坚持到底，不轻易放弃

　　成功没什么秘诀可言，如果真有的话，就是两个：第一，坚持到底，永不放弃；第二，当你想放弃的时候，回过头看看第一个秘诀。

　　英国首相丘吉尔曾应邀到一所大学做演讲，在如雷的掌声之中，丘吉尔走上演讲台，他对着麦克风从容不迫地说："成功的秘诀一共有三条。"

　　场内顿时安静下来，每个人都掏出了笔记本，用充满渴望与崇拜的眼神看着他，等待着接下来的金玉良言。丘吉尔环顾场内，用坚定的声音说：

"第一，坚持到底，绝不放弃！"

丘吉尔顿了顿，接着说："第二，是绝不放弃！"

全场沉默着，每个人都不由自主地屏起了呼吸。

丘吉尔大声说："第三，是绝不、绝不、绝不放弃！"

说完后，丘吉尔步伐坚定地走下了演讲台，场内在一阵寂静后爆发出了雷鸣般的掌声。

这场演讲被奉为演讲历史上的经典之作，丘吉尔用简短而有力的语言，准确地阐述了我们一直在寻找的成功秘诀：坚持到底，永不放弃。

安德鲁·杰克逊是美国历史上最杰出的总统之一，但在他当选总统的时候，他的许多儿时玩伴感到难以置信。他们与杰克逊总统一起长大，可以说是最了解他的人，但他们无论如何也想不通，杰克逊并非他们之中最聪明的人，也不是他们之中最优秀的人，为什么却能够取得如此惊人的成就。

在一场采访中，杰克逊总统的一位朋友袒露了内心的疑惑，他说："事实上，我一直都不明白，杰克逊究竟为什么能够走到今天这一步。要知道，在我认识的人中，比他聪明有才华的人非常多，比如同样住在这条街上的吉姆·布朗，他就比杰克逊厉害得多，记得以前他和杰克逊比赛摔跤，四场中吉姆赢了三场，但现在，他不过就是一个普普通通的家伙，比起杰克逊来说，实在是差得远了。"

记者听后感觉很奇怪，便问："一般比赛不都是三场或者五场吗？为什么会是四场摔跤比赛？"

这位杰克逊总统的朋友回答道："原本比赛应该是三场的，杰克逊输得非常惨。但他始终不认输，所以坚持进行了第四场比赛，当然，在第四场比赛中，吉姆·布朗实在挺不住了，所以杰克逊就赢了。他一直就是这样一个人，不管做什么都是这样，明明失败了，却怎么也不肯认输，非要拉着别人一直比下去……"

　　事实上听到这里，我想不管是那位记者，还是正在听这个故事的各位，应该都已经明白，为什么杰克逊总统能够取得如此巨大的成就，远远超越那些比他更加聪明、更加强壮的人了吧！

　　在摔跤比赛中，杰克逊一直处于下风，他输掉了前三场，但他拒绝接受失败，不屈不挠地进行了第四场比赛，并最终取得了胜利，笑到了最后。我相信，如果第四场比赛依然输了，杰克逊一定会坚持进行第五场、第六场，甚至第七场、第八场……而正是这种百折不挠的精神，造就了杰克逊总统辉煌的人生。

　　人的一生难免会遇到挫折和失败，摔倒在地并不意味着失去成功的可能，关键是你还能不能继续爬起来迎难而上，直到取得最终的胜利。

　　在很多时候，成功与失败之间仅一步之遥，而就是那一步，决定了你今后截然不同的两种人生。大多数人都不愿迈出那一步，因为此前无数的失败已经磨灭了他们对成功的向往与期望，以致错过了即将到来的苦尽甘来。成功与失败，其实往往就在你的一念之间。为此，我在这里奉劝每一个人：当你已经无法再继续坚持的时候，请你再给自己一个机会，告诉自己，无论如何我将再坚持六个月。如果到了那个时候，你依然没有得到自己想要的东西，决定放弃的话，那么再潇洒地放弃它。

　　真正的胜利者往往是那些能够坚持到最后的人，这无关才华，无关智慧，而是一种毅力与执着的抗衡。智慧与才华能让你在通往成功的起跑线上占据一定优势，但如果没有坚持，再多的智慧与才华也无法让你抵达成功的终点。

　　世界上著名的大文豪巴尔扎克曾经习读的是法律专业，他的父亲也一直期望他能够成为一名优秀的律师，但巴尔扎克心中根植了一个成为作家的梦想，而正因为这一理念的不同，巴尔扎克与父亲之间的关系一度陷入紧张的局面。

后来，为了让儿子遵照自己的意愿生活，巴尔扎克的父亲甚至以断绝他的生活费为要挟。而当时，巴尔扎克的作家之路也走得极其不顺利，他的作品不断被退回，似乎一切都预示着，他根本就不应该妄想成为一名作家。

那段时间，巴尔扎克的生活陷入了前所未有的困境，他负债累累，狼狈不堪，甚至在很长一段时间内只能用干面包和白开水来充饥。但这些困苦始终没有动摇巴尔扎克的意志，为了激励自己，他在人生最困苦的时候竟掏出了几百法郎购买了一支镶嵌着玛瑙的手杖送给自己，并在这支手杖上刻下：我将粉碎一切障碍！

后来的事实证明，巴尔扎克的选择是正确的，他成功了，并且是极其惊人的成功，他让全世界的人都认识了他，同时将他的名字永远地写在了人类的文学史上。

我为巴尔扎克的坚持感到激动不已，同时也庆幸他终究坚持到了最后，否则，世界文学将失去一笔惊人的财富，人类历史也将会缺少一位令人尊敬的伟大作家。

当一个人明白自己想要什么，并坚持不懈地去争取时，全世界都将为他而让路。通往成功的道路上荆棘丛生，我们会遇到无数的艰难与困苦，重要的是，在深陷困境的时候，你的选择是放弃还是坚持。选择坚持，你或许不一定能走到最后，获得成功，但一旦选择了放弃，那就意味着你选择了失败，不管胜利离你有多近，都将成为你遥不可及的梦幻。

◎ 节俭，帮我们更好地完成目标

　　节俭不仅是积累财富的一块基石，更是在执行人生规划中完成目标所必不可少的一部分。不管你的目标有多大，如果你不懂得节俭，挣一分花一分，那么，你将永远都实现不了这一目标。因为，目标是靠节俭支撑起来的。

　　1938 年 10 月的时候，我为自己放了一个小长假，决定暂时抛开劳累的工作，外出游玩一番，放松身心。这个消息很快被电讯服务社的一名记者得知了，他尾随而至，上了我所乘坐的那班船。

　　后来他告诉我，上船之后，他做的第一件事便是直奔一等舱，他认为以我的身份，我应该会在一等舱，但实际上，我当时住的是二等舱。

　　最后，他是在二等舱的餐厅里找到我的，当时我正在进餐，他抓紧时间给我拍了几张照片之后，上前与我交谈起来，当他看到我餐桌上的食物时，他的眼中闪过了一丝惊讶，当时我的盘子里只有一个菜，而这正是他惊讶的原因，或许他从心底里认为，我怎么说也算是个富有的人，怎么可能只吃一个菜呢？但实际上，从客观角度来说，这个菜已经足够填饱我的肚子了。

　　在之后的采访中，他提出了众多的问题，其中自然也包括对我如此"简陋"的度假所产生的疑惑。我记得当时我是这么回答他的，我说："节俭是一种非常可贵的品德，同时也是我致富的重要方法。即便我今天拥有了全世界的财富，我也绝不会去浪费一分一毫。"

　　直至今日，我也无时无刻不在提醒着自己，应该保持节俭的美德。节俭地度过今天，是对明天最好的储蓄。挥霍无度的人，永远不可能积攒起成功的大厦。挥霍浪费就如同一个无底洞，哪怕你坐拥全世界的财富，挥金如土的生活方式也终将摧毁你的财富帝国。

我的朋友格雷格·邓肯曾问过我一个问题："假如有一天，有人花钱雇用你，提出了两种薪资支付方式：一种是每个月给你一万元，第二种则是从第一个月开始，先给你一分钱，然后第二个月给你两分钱，第三个月四分钱……每个月收入是前一个月收入的两倍，如此一直累积下去，你会选择哪一种支付方式？"

当时我在脑海中盘算很久，而在我还没做出回答的时候，格雷格就给出了他的答案："我一定会选择第二种支付方式，要知道，以这种方式计算的话，我只要做到第三十个月，就能拥有 10737418.23 美元。这简直是太划算了！"

格雷格的问题实际上是一个数学游戏，但从中我们看到了积累和储蓄的惊人力量。在生活中，我们常常会忽视小钱的作用，殊不知积少成多，无数的小钱累积到一起之后，将会成为一笔惊人的财富。

缺少资金是很多人发展事业的一个绊脚石，很多时候，当机遇近在眼前，我们往往可能因为资金的不足而与之擦肩而过。节俭则能够帮我们进行最初的财富累积，并在最为关键的时候，让我们拥有抓住机遇的金钱资本。

现在的很多年轻人身上都存在一个问题：比起把挣来的钱积累成发展未来事业的资本，他们更倾向于利用它进行眼前的享乐。

我认识很多秉持享乐主义生活观的年轻人，他们的收入并不高，但几乎全部都用来购买高级的香烟、名贵的红酒，或者频繁出入花费不菲的娱乐场所。他们花费在这些方面的金钱，占据了他们收入的绝大部分。更为严重的是，他们中的很多人都有一种十分错误的理念，认为只有挥霍无度、大手大脚地花钱，才能够赢得别人的尊重和认可。为了让别人

"看得起"自己，他们不断地追逐名牌或者奢侈的生活，甚至因此而负债累累。

我认为这种行为极其幼稚并且可笑，他们在享乐中所挥霍掉的，不仅仅只是大量的金钱，更重要的是，他们挥霍掉了自己未来事业的奠基石，摧毁了自己走向真正成功的可能。

我曾有幸随一个考察团访问日本，并参观了日本的大财团丰田公司。

在参观过程中，我使用了丰田公司的卫生间，并惊讶地发现，几乎每个卫生间的抽水马桶的水箱里，都放着几块砖头。我对此感到十分好奇，于是主动询问了带领我们参观的公关人员。公关人员非常礼貌地向我解释道："在水箱里放砖块，不仅能够缓解水流速度，同时还能减少水箱的存水量，从而大大节约马桶的冲水量。"

考察回来之后，我将这件事情告诉了周围的很多人，他们听后觉得非常惊讶且可笑，一个财力如此雄厚的企业，怎么竟做这么"小家子气"的事？但我认为，丰田公司之所以能够成为实力雄厚的大企业，与他们这些"小家子气"的节俭是分不开的。

一个抽水马桶中的一点点冲水量，对于一个家庭来说或许根本算不上什么开支。但丰田公司不同，它的分公司几乎遍布世界各地，它拥有成千上万的抽水马桶，每天的用水量更是难以计数。试想，每个抽水马桶使用一次虽然只能够节约一点点水，但如果将这一点点水，乘以丰田公司所有抽水马桶每天使用次数的总和，那将会得出一个多么惊人的数字！越是庞大的企业，就越是应该关注细枝末节的资源，这些平日里看上去根本不入眼的小浪费，积累起来却是一笔惊人的财富。

对于节俭，很多人可能存在一个误区，认为只要钱花得少便是节俭，实际上并不尽然。许多开销看上去花费巨大，但如果与长久发展带来的利益相比，却可能是非常经济实惠的；而有的开销看上去花费虽然不多，但如果这种花费所带来的使用价值几近于无，那么这无疑是一种极大的浪费。真正的节俭并不在于你花费金额的大小，而在于你的钱是否花费得有价值。

当然，在考虑花费与获得价值之间的平衡问题时，我们也要注意结合自己的实际经济状况。要知道，这个世界上最愚蠢的花钱方式，就是超越自己的经济能力。当某个东西的花费已经超出我们的承受能力时，即便它具有巨大的价值，我们也应进行理性的考量，慎重做出决定。不要将钱浪费在不必要的地方，否则就会在真正需要花钱的时候捉襟见肘。

我们每天都在花钱，面对每一笔支出的时候，我们都应该有这样一个考量：这笔钱是不是我必须要进行的开销？如果这笔开销是生活必需的，那么我们自然要毫不犹豫地进行支付。但如果即便没有这笔开销，对我们也不会造成什么影响，那还不如将这笔钱留存下来，为日后事业的发展积累资本。

节俭是成功道路上不可丢弃的重要美德，它能够帮助我们进行原始的财富积累，从而使我们更好更快地达到目标。永远不要小看节俭为你带来的好处，微小的积累总有一日会成为巨大的财富。

◎ 没有行动，梦想就是空谈

一次行动足以显示一个人的弱点和优点是什么，并能够及时提醒此人找到人生突破口。

在现实生活中，我们随处可见这样的人：他们拥有远大的抱负、推陈出新的想法，总是慷慨激昂地侃侃而谈，但我们始终看不见他们有任何实际的行动。他们制订出了各种各样惊人的计划，绘制出了宏伟的蓝图，却迟迟不动手。

对于这种人，我们通常称之为"空想主义者"。

有理想、有抱负是一件值得肯定的事情，但如果这种理想和抱负永远只停留在"想"的阶段，而不曾付诸实践的话，那么都不过只是一场空想罢了，不会为你的人生带来任何改变。正如一位著名的职业经理人所说的："一个决策，无论多么正确、多么严谨、多么伟大，如果没有严格高效的执行力作为支撑，那么它不会具有任何意义。"

梦想最大的敌人，往往不是它的遥不可及，也不是通往它的道路崎岖坎坷，而是人们因为畏惧它的遥远和重重阻碍，始终不肯迈出追求的第一步，以致在无穷的等待中将它遗忘，丢弃。

阿历克斯是一家大型玩具企业的老员工，已经在该公司任职了十二年。他原本是个野心勃勃的年轻人，从不甘于平凡的生活，他努力拼搏，一心想要成为部门经理，但十二年来，他始终坐在主管的位置上与部门经理遥遥相望，难以得偿所愿。

在这十二年中，他想过许多不同的发财方式，比如做外贸、开工厂或开酒吧，他甚至为此做了一个个详尽的计划，但最终因为各种各样的缘故而没有将任何一项计划付诸实践。

他遇到我的时候已经年近不惑，依旧坐在该玩具企业主管的位置上雷打不动。他对我侃侃而谈着那些遗落在时光中的伟大计划，并将这一切计划的夭折都归咎于所谓的"生不逢时"。他眼神骄傲地和我谈论关于跳槽的计划，并宣称，在跳槽之后，一定会获得比现在更高的职位和薪水，以及更广阔的发展空间。

　　我和阿历克斯的相遇只是一次偶然，他充当了我在某次旅行中短暂的旅伴，自那之后，我再也没有见过他，但我敢断言，如果他依旧如故，依旧不明白自己的伟大计划为何会夭折，那么他的人生绝不会有任何改变，或许他将永远坐在那个小小的主管位置上，直到退休。

　　像阿历克斯这样的空想家非常多，他们不甘于平凡，却又畏惧风雨，他们想要做出某些成就，却又担忧失败。他们总在等待一个天时地利的机会，却从来没意识到，在这个世界上，不管做什么事情都必须承担风险。他们在脑海中制订计划，成就梦想，却在现实里将它束之高阁，让它在时光的流逝里胎死腹中。

　　梦想总在彼岸，不论我们站在此处遥望多久，只要不采取行动，它将永远与我们隔着一条湍急的河流。梦想是一个非常模糊的东西，具有强烈的不确定性，而行动恰恰正是消除这种不确定性的唯一方法。

　　一百次、一千次的心动，都不如来一次实实在在的行动。只有将梦想付诸行动，我们才可能踏上通往成功的道路；只有将梦想付诸行动，我们才可能从中获悉自身的不足，并将其克服，找到人生的突破口。要知道，梦想如果没有行动作为支撑，那么它除了浪费我们的生命和时间外，不具有任何实际意义。只有那些敢于将梦想带入现实，敢于用实践证明梦想的人，才可能穿越湍急的河流，抵达成功的彼岸。

　　我曾看到过这样一个故事：

　　在一个遥远而神秘的国度，住着一户非常平凡的人家。有一天，这户人家发现自己的花园里不知为何突然多了一块巨大的石头，石头几乎有近一半深陷到了地下。主人一看，这石头实在太大了，没入地下的部分似乎也很深，如果要将它移走的话，必定大费周章，不如就让它留在那里好了。

　　此后，这个石头成了花园的一部分，同时也为这家人带来了很多麻烦。由于这块大石头正好处于穿过花园到达家中的必经之路上，所以每次他们从外面回家，都要绕过这块石头，有时一个不留意，还可能被石头磕到碰到，非常不方便。这家人一度想要移除这块石头，但看到它巨大的体积，便随之放弃了。

这块石头在这户人家院子里一待就是十余年，一直遗留到了下一代。当时，这户人家的儿子已经长大成人，并娶了妻子。妻子一住进来便非常不喜欢这块石头，无论是它的样子还是它所处的位置，都令这位妻子感到不舒服。于是，在嫁进来的第二天，妻子不顾丈夫的劝说，立刻叫了几个工人带着工具前来，要将这块石头移走。

面对妻子的固执，丈夫并没有阻拦，只是在一旁带着轻蔑的笑意看着，在丈夫看来，妻子所做的一切不过是无用功罢了，要知道，从他小的时候开始，这块烦人的石头就已经存在了，如果能轻易搬走，又怎么可能让它留存到现在呢？

但令人意想不到的结果出现了，工人们仅仅用了几分钟就把这块石头给挖了出来，丈夫和他年迈的父母惊诧地发现，原来这块石头并不像他们想象的那么大，埋入地下的部分其实非常浅。可笑的是，在十余年中，他们甚至没有想过去试着将这块石头搬走。

梦想的道路总是危机四伏，我们所担忧的那些意外和困难实际上就像这户人家眼中的大石头一样，看似无比庞大，坚固难摧，但实际上你如果不去触动，将永远不知道它虚实如何。或许它仅仅徒有其表，或许它如同一碰即碎的泡沫，但无论如何，只要你不愿行动，不愿上前去探究，你将永远无法看清它的真面目。

当我们悲愤时不我与之际，当我们感慨梦想破灭之时，请扪心自问，在追逐梦想的过程中，你是否已经做到无愧于心。你的等待与拖延，究竟是为了等更好的时机，还是出于对坎坷道路的恐惧。没有行动，梦想终究只是一场空谈。没有行动，成功永远是遥不可及的幻影。

◎ 一旦决定，就要迅速出招

　　找出你内心真正的渴望，找准你的目标，而后，果断地完成它。不要逃避，不要放弃，要始终如一，坚守目标，要把一切艰难挫折当作使自己更强大、更坚定的机会。

　　梦想是经不起等待的，而成功的机会往往就在一念之间，稍纵即逝。当你决定要做某件事情的时候，即便没有充分的准备，没有足够的知识，没有天时地利的机会，也应该果敢出击，即刻行动。要知道，很多时候，机遇就是在你犹豫不决、等待万事俱备的时候，与你擦肩而过的。

　　安东尼·吉娜是美国纽约百老汇最年轻且最负盛名的演员，在一次脱口秀节目中，吉娜向观众讲述了她自己的成功之路。

　　成名之前，吉娜是大学艺术团的一名歌剧演员。在一次校际演讲比赛中，她说："我有一个梦想，那就是：大学毕业后，做一名歌剧演员，而且我要成为纽约百老汇最优秀的主角。"

　　演讲结束后，吉娜的心理学老师找到了她，并问："今天你在演讲比赛时所说的是认真的吗？你真的想去纽约百老汇，并成为其中最优秀的演员吗？"

　　对于心理老师的问题，吉娜感到很疑惑，但还是立即下意识地点了点头。接着，心理老师又尖锐地问："那么为什么你不现在就去呢？你今天去和毕业后再去有什么区别吗？"

　　吉娜对老师的话感到非常意外，但她想了想之后发现，大学生活确实对她争取百老汇的工作机会没有任何帮助，于是她回答："或许，我一年之后就会前往百老汇闯荡。"

但老师似乎并不满意她的回答，依然尖锐地问："你现在去和一年以后去有什么不同吗？"

吉娜苦思冥想了一会儿，实在难以回答这个问题，便有些犹豫地说："或许我下个学期就能够出发了。"

老师紧追不舍地继续问道："你下学期去跟今天去，又有什么不一样？"

吉娜整个人都蒙了，只好说道："那么我下个月……"

话还没出口，老师就打断了吉娜，不依不饶地说："你认为，你一个月后再去和今天立即就去，到底有什么区别呢？"

在老师的追问下，吉娜仿佛感觉心中的某些东西被打开了，她顿时激动不已，情不自禁地说："是的，我想我只需要一个星期的时间做准备，一个星期后，我立刻就该去那儿！"

"不，吉娜，"老师坚定地说，"你不需要做任何准备，所有你需要的东西在纽约都能买到，一个星期去和今天去是没有任何差别的！"

吉娜顿时愣住了，怔怔地看着老师。老师接着说："百老汇的制片人正在酝酿一部经典剧目，几百名来自世界各地的艺术家都前往应征主角。我已经帮你订好明天的机票了。"

在老师的鼓励下，吉娜果然在第二天便飞往了美国百老汇这个全世界最巅峰的艺术殿堂。这必定会是一场苦战，作为一个默默无闻的年轻女孩，吉娜几乎没有任何胜算，但为梦想而涌动的激情让她无所畏惧。为了增加自己的优势，吉娜连夜准备了一个表演片段，一路上都在思考如何表现才是最好的。

正式面试那天，吉娜第四十八个出场。她的表演惟妙惟肖，制片人顿时惊呆了！当吉娜排演完剧目之后，制片人马上通知工作人员结束面试，主角非吉娜莫属。就这样，吉娜顺利地进入了百老汇，穿上了人生中的第一双红舞鞋，开启了她此后辉煌的演艺道路。

吉娜的成功离不开心理老师的鼓励，如果不是心理老师鼓励她即刻行动，抓住机遇，或许如今的吉娜还是个怀抱着梦想却依然默默无闻的女孩。试想，如果她按照自己最初的想法，直至毕业之后才去为梦想而拼搏，中间又将会发生多少的事情呢？在漫长的时间里，她对梦想的执着与激情还会如同曾经那般炽热和坚定吗？她还能够不顾一切地踏上追寻梦想的旅程吗？重要的是，当她自认为已经准备好了的那一刻，机会的大门还会为她而敞开吗？

人的想法总会随着自己的经历与时间的流逝而改变，对梦想的执着与激情也总有淡去的一天。梦想经不起等待，生命经不起浪费，如果非要等到万事俱备的时候才展开行动，那么或许你将注定永远等待下去，以至于曾经的激情与梦想蒙上灰尘，消逝在了回忆的某个角落。

苏格拉底曾说过："要使世界动，一定要自己先动。"等待不会为你争来成功的机会，等待也不会让梦想变为现实。如果你不展开行动，又如何让世界因为你而发生变动？

在机遇面前，行动和速度是制胜的关键，对于那些你已经下定决心要去做的事情，就应当立即付诸行动，否则就会坐失良机，使你失去最终的胜利。但凡是能成就大事的人，必定都是果敢的行动大师。

1857年，从德国哥廷根大学毕业的摩根进入了邓肯商行工作。

一次，摩根在去古巴为公司购买海鲜归来的途中，船只停泊在了新奥尔良码头，当时，一位陌生的先生敲开了摩根的房门。这位先生微笑着对摩根说："嘿，先生，请问您想要购买咖啡吗？是非常上等的咖啡，我们现在半价出售。"

摩根听完后感到很怀疑，这种天上掉馅饼的事情会是真的吗？或许是看出摩根脸上的不信任，这位先生马上解释道："事情是这样的，我是这艘巴西货船的船长，为一个美国商人运送咖啡，现在货到了，可那个商人破产了，我实在不知道该怎么处理，也没法去讨要运费。所以，我只好在这里出售这些咖啡了，如果你愿意购买的话，等于帮了我一个大忙。但是先生，为了省去麻烦的事情，我只接受现金交易。"

摩根接过这位船长手上的咖啡看了许久，发现品质确实不错，并且价格又十分便宜，于是决定以邓肯商行的名义买下所有的咖啡。打定主意后，摩根利用邓肯商行的名义向马肯商行借贷了一笔款项，买下了整船咖啡，并立即拍了一封电报回去，向邓肯先生报告了这一消息。邓肯先生得到消息之后，心中又惊又疑，他很担心这会是一场骗局，因为在此之前，商行已经多次在购买咖啡上受骗造成了巨大损失。最终，为了保险起见，邓肯先生立刻回复了一封电报，要求摩根撤销这次交易，并独自承担一切损失。

摩根感到非常苦恼，他认为这是一个千载难逢的机会，于是他立刻咨询了身在伦敦的父亲。父亲得知此事后，立刻回复摩根，同意他挪用自己户头的钱去偿还向马肯商行借贷的款项。得到父亲的支持后，摩根非常高兴，他在这位巴西船长的推荐下，又相继买下了其他货船上的咖啡。

不久之后，巴西出现了高寒天气，造成咖啡大量减产，一时之间，咖啡的价格在市场中暴涨了大约三倍。最终，摩根依靠这一冒险的决定大赚了一笔，让邓肯先生刮目相看。

摩根的决定不得不说是非常冒险的，但其实想一想，这个世界上，根本没有任何事情是不存在风险的。与其左思右想，制订周密计划，倒不如果断决定，抓住机遇。或许我们会遇到失败，也可能会遭受意想不到的打击，但在承担失败风险的同时，我们也将成功的可能抓在了手心里。

再周密的谋划都免不了些许漏洞，再多的想法都抵不过一场行动。当你下定决心去做某件事的时候，不要犹豫，也无须瞻前顾后，最合适的时机永远就在当下。

第十章 CHAPTER 10

符合人性的良好习惯

　　人性有弱点，也有优点。但是很多时候因为缺乏良好的习惯，我们埋没掉了自己的优点，也葬送了自己成功的机会。如果我们肯花时间来反思自己，找出自己的改进方向，养成良好的习惯，保持充沛的精力，那么我们一定可以展现出人性的闪光点，创造幸福美好的人生。

◎ 专心于眼前事

人生最重要的，不是眺望模糊的远方，而是专心做好眼前的事。

人的一生可能有许多的兴趣爱好，有许多想要做的事情，但是又有多少人能够专注地做好一件事呢？一个人哪怕没有学历，没有工作经验，只要他能够专心地做好一件事情，也必定会成功。专心做好一件事情并不是不求上进的表现，而是一种锲而不舍的追求、全神贯注的努力。

一个荷兰农民中学毕业后前往大城市找工作，因为他只有中学学历，又没有工作经验，于是屡屡碰壁，最终又回到了小镇上。小镇上也没有什么工作适合他，最后没办法，他就到镇政府去做一个门卫。门卫的工作十分清闲，他觉得自己的时间都浪费掉了，他觉得自己应该再找点儿别的事情来做。考虑了许久，他选择了一个最能消磨时间的工作，那就是打磨镜片。

他日复一日地对着镜片，不紧不慢地打磨着。不知不觉，时间已经过去了六十年，当年英姿飒爽的年轻人已经变成了一个白发苍苍的老者。几十年打磨镜片，让他的技术早就超越了普通的技师，他打磨的镜片进入了一个从未有人知晓的领域，他的镜片更是带领人们进入了微生物的世界。

他的发现震惊了全世界，为了表彰他为人类科学所做出的贡献，他以一个中学毕业生的身份成了法国科学院院士，获得了英国皇家学会会员的头衔，就连英国女王都满怀着惊奇，不远万里来到小镇上拜访他。

这个用尽一生去打磨镜片的人，正是科学史上大名鼎鼎的荷兰科学家范·列文虎克。他的成功并不是源于他有多么出色的天赋、多么聪明的头脑，而是来自于他做事的专注。成功很简单，就是心无旁骛地做一件事情，直到做好为止。

拥有许多的兴趣爱好不是什么坏事，但是如果把精力平均分在每一项爱好上面，什么都会一点儿，但是什么都不精通。哪怕你天赋过人，最终还是会走向平庸。是如果你将精力集中在一件事情上，那么成功就会向你招手。

有一位天才画家，在少年时期就已经举办了个人画展，被人称作神童。有一次在记者招待会上，有人问他："现在从事绘画职业的人那么多，从中脱颖而出是不是特别艰辛？"

画家微笑着摇了摇头说："怎么会难呢？其实做好一件事情很简单，我以前就是不懂这一点，差点儿做不成画家。小的时候我的兴趣很多，也希望自己什么事情都能做好。无论是画画、游泳、音乐、篮球我都希望成为第一名。但是我的天赋不足以支撑我做好所有的事情，失败对我来说是家常便饭。"

画家看着众人不解的眼神，继续说："后来我的绘画老师知道了，他找来一个漏斗和一把玉米，让我的手在漏斗下面接着，然后把种子一颗一颗放进漏斗里面。不一会儿，我的手里就有不少玉米种子。然后他又抓起一把玉米种子直接放进了漏斗里，玉米粒互相挤压，居然没有一颗掉下来。从那时候开始，我才明白我不能一次就做好所有的事情，只有将所有的精力都投入到一件事情上我才会成功。于是我放弃了其他的爱好，专心在绘画上，才有了今天的成绩。"

有的人一辈子做了许多许多的事情，但是他百年以后所有的一切都成了过眼云烟，没有人记得。但是有的人一辈子就做了一件事，却被所有人铭记在心里。有的人一直想着明天要怎么样，明天会发生什么，但最终什么都没有做到。有的人只想着把今天的事情做好，最终却获得了成功。

我曾在耶鲁大学做过一次演讲，我对耶鲁大学的学生说："我们要隔绝已经逝去的过去，暂时搁置还没有到来的明天，着眼于将前途把握在今天，这样你才能做好一件事情。"

我的意思并不是说不要去规划你的未来，对于未来的规划其实非常重要，但是着眼于今天更加重要。不去担心明天可以让我们的心情更加轻松，精神更加饱满，注意力更加集中于眼前的事情。把今天的事情做好，就是对明天最好的规划。今天的事情都做不好，你又有什么资格去规划未来呢？

18 世纪的时候，一位年轻的学生在加拿大的蒙特利尔医院学习，虽然他成绩不错，但是他经常为将来担心。高难度的期末考试、前途未卜的就业状况、毕业后的生计问题，都成了压在他心头的大石。

有一天，他在翻看一本书的时候读到了一句话，茅塞顿开，心头的大石尽皆搬走，他重新对自己的人生充满希望。他后来成为了一位大名鼎鼎的医学家，还被牛津大学聘请为医学教授。他就是世界闻名的约翰·霍普金斯医学院的创始人，威廉·奥斯勒爵士。

他读到的那句话是什么呢？恐怕大家都迫不及待地想知道了吧。这句话就是：人生最重要的，不是眺望模糊的远方，而是专心做好眼前的事。

威廉·奥斯勒爵士所经历的种种烦恼我们可能也曾有过。在生活当中，我们经常看着远方的风景，感叹人生的艰难与无常，却忽略了眼前的事情。

只有当我们低头看自己的脚下，专心做好眼前的事情，才会发现自己眺望过的风景阳光明媚、鸟语花香。

有些人并不喜欢自己现在所做的事情，并且把自己做不好的理由归咎于事情本身。有这种想法的人往往都眼高于顶、恃才傲物。但是要知道，罗马不是一夜建成的，不积跬步无以至千里，只有专注于眼前的事情，一步一步踏实地走下去才能到达成功的终点。

世间万物最有价值的都在当下，未来的事情还不需要现在来担心。专心做好眼前的事情才能真正实现时间的价值。不要让那些无谓的烦恼缠绕着自己的内心，无谓的烦恼就是心灵的杂草，只有除掉了这些杂草，人生的花园中才会开出美丽的花朵。

◎ 别在小事情上耽搁太久

我们活在世上的光阴只有短短几十年，我们却浪费了很多时间，为一些一年内就会被忘了的小事发愁。这是多么可怕的损失。

世界广大，而我们是那么渺小。时间久长，人生却何其短暂。这个世界那么美好，有那么多有意义的事物要去探索。但是有些人偏偏要将有限的生命浪费在那些鸡毛蒜皮的小事之上，直到生命的终结才懂得后悔。

曾在美国海军服役的罗伯特·摩尔对我讲述过这样一个故事：

"1945 年 3 月的时候，我正在中南半岛附近九十多米深的海底。当时我正在潜水艇中执行任务，忽然雷达上传来信号，有一支日本舰队朝我们驶来。为了先发制人，我们浮出水面，对实力几倍于我们的日本舰队发动了攻击。糟糕的是我们的鱼雷没有击中目标，日本舰队中的一艘布雷舰发现了我们，马上就朝我们冲了过来。为了避其锋芒，我们潜到了水下约四十六米深的地方。

"日本人的速度很快，大概只过了几分钟，他们就放下了六枚深水炸弹。这些炸弹在我们身边爆炸，一时之间潜艇内地动山摇，潜艇也被炸弹爆炸的冲击波推到了约八十二米深的海底。在这样的深度下，只要潜艇被击中，哪怕只是开了一个小洞，大家都会完蛋。我们被吓得魂飞魄散，每个人都以为这次死定了。

"经过十五个小时的轰炸，日本人终于用完了炸弹心满意足地离去了。安静下来的潜艇里每个人都沉默不语。直到确定日本人不会再发动攻击的时候，大家欢呼起来，热烈地拥抱彼此，感叹着上帝的保佑。我深深地感觉到我的人生翻开了一个新的篇章，过去的我简直是在挥霍我的人生。我居然浪费了那么多的时间在微不足道的小事上。

"从那时起，我下定了决心，再也不要为小事斤斤计较并浪费任何一秒钟。对于珍贵的生命而言，这些事情太微不足道了。"

人生之中几乎每个人都犯过同样的错误，那就是在面临巨大的危机时人们可以采取坚强冷静的态度去面对，而在一些微不足道的小事面前，却很容易放松自己，由着自己的性子来，结果让自己苦不堪言。人的一生当中称得上是大事的事情并不算多，但是小事每天都在发生。如果每天都为了小事愤怒、担忧、斤斤计较，那么用这些小事堆砌起来的人生将会充满不幸。

在科罗拉多州的森林中有一棵枯死的巨木。科学家说它已经有四百年的历史了。当它是小树苗的时候，哥伦布才刚在圣萨尔瓦多登陆。当它长成现在一半大的时候，新教徒们刚刚定居在普利茅斯。它的一生尤为漫长，在这漫长的岁月里，它承受了无数次暴风雨的袭击，它至少被闪电击中过十四次，但这些都没有打垮它。那么它的死因是什么呢？是一群白蚁，这群小到不起眼的生物咬穿了它的心。一棵几百年屹立不倒，经历过各种危险的巨木最终倒在了一群渺小的白蚁脚下。这是不是很像我们的人生呢？我们的人生经受住了各种艰难险阻的考验，最后却常常在小小的问题上面崩塌。

不仅是事业，家庭也是如此。在家庭生活中，许多伴侣可以携手解决生死攸关的难题，最后却因为鸡毛蒜皮的小事而分开了。

有一次，我应一个朋友的邀请去他家吃晚饭。晚餐时他负责给众人分菜，但是他分菜的时候没有按照顺序，而且分给每个人的分量相差很大。一开始的时候我并没有注意到这些，我正在与朋友进行一场愉快的谈话。他的太太突然发话了："你为什么连最简单的分菜都做不好呢？亲爱的，你看看你分的菜是个什么样子。"结果一场争吵就这样爆发了。

对于分菜的事情，我并没有太在意。甚至在这位太太大发雷霆之前我都没有意识到分菜出现了问题。分菜中的失误有造成什么不可挽回的严重后果吗？当然没有。但是喋喋不休的指责造成了我朋友的不快，造成了家庭矛盾。如果要娶这样一个太太，那我还是当一个在街上买热狗吃的愉快单身汉吧。

忽视那些烦人的小事，追求更有意义的人生，这是一种智慧。只有拥有淡泊、旷达情怀的人才能做到不被各种无谓的小事羁绊。也只有这样才能找到人生中真正的快乐与幸福。

从前有一位老汉，他家中的锅坏了，于是他就去集市上面买了一口新锅。就在他背着新锅回家的时候，系着锅的绳子断了，锅也掉在地上摔破了。老汉却看都没看一眼，径直往前走去。

路上其他的行人看见了这幅场景，提醒老汉说："喂，你的锅摔破了难道你不知道吗？"老汉淡然地回答道："既然都已经摔破了，为什么还要浪费时间回头看呢？"

老汉说得对，既然锅已经摔破了，回头看也是毫无意义的。这种不纠结于小事、不沉湎于过去的情怀，才是真正的超凡脱俗，才能让我们看清事物的本质并最终走向成功。

你有过这样的经验吗？在大雨滂沱的日子里，因为上班的时候溅湿了鞋子而懊恼一整天；在餐厅吃饭的时候，因为菜晚来了十分钟而与服务员争执不休；在遇到难以沟通的同事的时候，与同事大吵一架，整天都在愤怒中度过。

其实当这些事情过去了以后，你再回头来看，会发现这些事情原来那么的渺小，那么的不值一提，自己为这些事情浪费的时间与精力，溜走的快乐与轻松，都是那么不值得。人的一生很短暂，不要为小事耽搁太久。

我曾见过这样一件事情：一位父亲教他五岁的儿子使用割草机，父子俩割草正在兴头上，有人给父亲打了个电话。就在父亲进屋接电话的时候，儿子开着割草机冲进了郁金香花圃，把父亲心爱的郁金香弄得乱七八糟。

父亲当场暴跳如雷，怒不可遏地扬起手就要打儿子。就在这个时候，母亲从屋里走了出来，她看了看满目狼藉的花园，又看了看委屈的儿子，对丈夫说："亲爱的，我们人生中要养育的最重要的东西是我们的孩子，而不是那些郁金香。"父亲听完话，放下了手。

生活中许多事情，有些是非常重要的，而有些只是生命中的细枝末节。我们要抓住生命中最重要的东西，绝对不要在细枝末节上浪费时间，更不能因为这些小事而耽误了重要的事情。要记住，我们的人生只有短短的几十年，如果我们一直为那些很快就会忘却的小事烦恼，那么我们要损失多少时间？

◎ 学会控制负面情绪

控制情绪是一种十分难得的能力，它不是枷锁，而是你带在身上的警钟。

负面情绪是最容易让我们失去现在、断送未来的东西。但我们每个人都曾经为失去的东西哀伤，甚至很长时间都走不出负面情绪。不应该为已经逝去的东西难过，这个道理每个人都懂，要做到却是难上加难。

我的朋友桑德斯给我讲了这样一个故事：

"在我高中的时候，教授心理健康课的布兰登先生为我上了一节让我终身受益的课。

"一天早上，当我们走进实验室的时候，却发现实验室里居然什么仪器都没有，只有一瓶牛奶被布兰登先生放在了桌子上。一瓶牛奶能用来做什么实验呢？只见布兰登先生站起身，走到桌子旁边，手臂一挥就将牛奶打翻在水槽里。我们的惊呼还没有从口中发出，布兰登先生就大声说出了实验的结论：'不要为打翻的牛奶哭泣！'

"他接着说：'你们要永远牢记这一课。打翻的牛奶已经流走了，无论你如何心急，如何惋惜，也不能把牛奶恢复原样。这个世界上没有后悔药，我们所能做的事情只能是将它彻底忘掉，专心地应对下一件事情。'

"这节课的细节我至今都不能忘怀，甚至我已经忘光了我高中时候所学的数学和拉丁文，但是这节心理健康课牢牢地记在我心里。我甚至可以说，这节课从某种程度上讲，对我的意义要比高中其他所有课程加起来还要大。这个道理浅显易懂，却又令人难以做到。"

也许这个故事不够生动，但是《费城公报》的主编弗雷德·谢德的说

223

法一定会让你觉得生动具体。他就"不要为打翻的牛奶哭泣"这个问题有着另外一种表述方法。

那是在他的一次大学演讲上，他问学生们："在场的各位有人干过锯木头的活吗？"不少学生都举起了手。他又问道："那么有人锯过木屑吗？"这下一个举手的人都没有。

谢德先生说："你们当然不可能去锯已经被锯过一次的木屑。就像已经发生了、决定了的事情一般。你们如果不肯将这些事情赶出你的脑海，为此无尽地烦恼，那么你的行为跟锯木屑又有什么区别呢？"

锯过的木屑不能再锯，发生的事情也不会再改变。我们没有时光机器，也没有后悔药。沉浸在无法改变的过去当中实在是太蠢，这些事情只会扰乱你的心智，让你平添许多烦恼。

纵然"不要为打翻的牛奶哭泣"这个道理很多人都明白，但是想要控制自己的情绪却非常困难。那么究竟如何才能更好地控制自己的情绪，及时调整自己的心态呢？

在美国的西雅图有一个著名的派克市场，那里以卖鱼为主。原本腥臭的鱼市成了著名的游览景点。究竟是什么吸引了大量的游人呢？就是那些快乐的鱼贩。虽然鱼贩们终日被鱼腥味所包围着，但是他们个个乐在其中，工作起来俨然是一副专业马戏演员的派头。整个市场都能看见冰冻的鱼在空中飞来飞去，他们嘴里还要唱着："快看啊，五条带鱼飞到明尼苏达去了。""明尼苏达州收到了飞来的带鱼。"在这里买鱼不仅不令人厌烦，反而成了一种享受。

曾有记者慕名来采访鱼贩，问道："你们劳动强度很大，工作很艰苦，环境又恶劣，究竟是什么原因让你们在工作时那么愉快呢？"

一个鱼贩回答说："几年之前，大家刚到这里工作的时候不是这个样子的。每个人都对辛苦的工作、腥臭的环境充满了抱怨。但是抱怨又能改变什么呢？有时间抱怨还不如想办法转换自己的心情。于是大家纷纷各显其能，将卖鱼这件事情变成一种艺术，变成一种乐趣。"

鱼贩子良好地控制了自己的心态，使工作变成了一种乐趣。良好的心态在人际交往中同样对我们有很大的帮助，但是如果我们没有这种良好的心态，那就要为我们的一时冲动付出惨痛的代价。

美国第三任总统托马斯·杰斐逊就是控制情绪的高手。他刚刚当选总统的时候，曾去白宫拜访即将卸任的第二任总统亚当斯，他并不是去炫耀自己在竞选中的胜利，而是渴望证明这场激烈的竞选没有破坏他和亚当斯之间的友谊。

亚当斯的表现出乎杰斐逊的意料，他刚刚来到亚当斯的面前，亚当斯就愤怒地破口大骂："你这个伪君子，就是你，用卑鄙的手段将我从白宫中赶走了。"这句话伤了杰斐逊的心，从此以后数年，杰斐逊都不曾与亚当斯交谈过。

亚当斯没有控制住自己的情绪，失去了杰斐逊这个曾经的至交，也失去了一个很好的政治伙伴。

我也曾因失去对情绪的控制犯下过难堪的错误。有一次，我跟办公楼的管理员发生了一场冲突，这位管理员为了表示对我的不满，经常给我制造点儿小麻烦。有一天，管理员知道整栋大楼里面只有我在办公室，他就把整栋楼的电灯都关掉了。一次两次我还控制得住情绪，但是发生了太多次了，我实在无法忍受。我怒发冲冠，跑去管理员所在的地下室，用我所知道的最恶毒的语言骂了他足足五分钟。在我渐渐词穷了的时候，管理员用若无其事的语气对我说："你今天是不是有点儿激动过头了？"就在那一刻，我知道我已经输给了管理员。尽管他只是一个以开关电灯为生的工人，但是他击败了我。

我灰溜溜地回到了办公室，内心久久不能平静，羞愧、内疚充满了我的心。我知道我一定得向他道歉，不然这种心情下我什么都做不了。

我又一次找到了他，对他道歉，管理员却面带微笑对我说："你不用向我道歉的，这里只有你和我，没有人知道你刚才说了什么。我也不会说出去，不如我们把这件事情忘了好不好？"

听到这番话，我觉得更加羞愧了，同时觉得这场交锋中我输得并不冤枉。管理员更好地控制了他的情绪，而我则处在了下风。幸好我及时道歉了，我克服了自己的负面情绪，得到了对方的原谅。

这样的事情在生活当中比比皆是，我们常常因为控制不好自己的负面情绪，使糟糕的事情变得更加糟糕。发生坏事情的时候，如果我们能够冷静地面对，难题与矛盾就能够迎刃而解。只有冷静地面对事情，不忙乱、不惊慌，保持心平气和，才能避免不必要的纷争。

◎ 正确和有效地利用时间

时间管理就是专心去做最该做、依靠能力和努力可以完成的那几件事，其他的事先不要管，这是时间管理的妙诀。

你是否觉得时间不知不觉地就消失了？你是否觉得时间对你来说已经越来越不够用了？那么你的时间都去哪儿了呢？人们不同程度地将时间花费在一些没有意义的事情上，比如翻看自己不感兴趣的杂志，盯着电视上的广告，随手抓起一本书翻上几页然后再换一本翻。人们将这种行为称作消磨时间。

富兰克林曾说过："时间就是金钱。"在你漫无目的地消磨时间的时候，你同时流失了大量的财富。只有不懂时间价值的人才会在那些无聊的事情上消磨掉他们口中琐碎实际却非常宝贵的时间。

时间是最公平的，不像出身、智慧、体魄等条件会偏向于某个人。时间给每个人的都一样多。面对着这上天赐予的最宝贵的财富，我们应该怎么做呢？只有有效正确地利用时间，才能做这些最珍贵财富的主人，只有懂得珍惜时间，才能够合理地规划好自己的人生。汽车大王亨利·福特的一句话非常好地阐述了关于时间与成功的关系："大部分人都是在别人荒废的时间里崭露头角的。"

既然时间那么宝贵，我们要怎么样去珍惜和利用宝贵的时间呢？你的时间利用状况又是怎么样的呢？仔细思考下面几个问题，你会得到答案。

第一，你的时间够用吗？大多数人的答案是不够。一项对美国人时间分配的调查显示，92%的人需要加班才能完成自己的工作。那么你的答案是什么呢？

第二，时间对你来说是什么？是财富？是温饱？还是可以任意虚度的生命的赠品？

第三，你如何对待你的时间？成功者们的成功方式各不相同，这与他们的性格息息相关。但是他们有一个惊人的共同点，就是都可以自觉而且高效地利用时间。他们既有充足的时间休息和处理其他的事情，又有时间把工作方面的事情处理好。充分地利用时间，是成功者的必要特征。

第四，你还剩下多少时间？人们往往以为给自己留下的时间还很多，还足够自己吊儿郎当、悠闲地生活。那么请你算算你还有多少时间可以拿来拼搏，拿来工作。

如果60岁退休，你现在已经30岁了，那么你距离退休还有30年，1

年有 12 个月，1 个月有 4 星期，每星期有两个休息日，每天工作 8 个小时。那么你的工作时间是 30×8×5×4×12=57,600 小时。用 30 年的时间减去工作时间就等于你的休闲时间。

你计算出你还有多少时间了吗？就算是你增加工作时间，那么你的时间也很难超过 200,000 个小时。

所以，在你的人生中，最最紧迫的事情应该就是有效利用时间。你的幸福，你的成功，都取决于这一点。

我是一个非常繁忙的人，我要管理我的企业，我还投身慈善事业当中，还要四处奔走为人们演讲成功的秘诀。我最大的遗憾就是时间太少，根本不够用。因此，我曾悬赏十万美金，如果有人能想出个办法让我的时间够用，那么我就愿意付给那个人十万美金。

重赏之下，信件如雪片一样飞来，我请了十几个助理，让他们按照我的要求，筛选出符合我原则的信件。我在其中找到了一个方法，照着去做，果然非常有效，从此我觉得我的时间够用了。我也遵守了自己的承诺，付给提供方法的人十万美金。

下面就给大家看看我用十万美元买来的方法，这个方法其实很简单，主要分成三步：

第一，将要做的事情分出顺序来，重要的事情放在前面，不重要的事情放在后面。

第二，对自己的能力和勤奋程度进行自我评估，确定造成目前状况的原因是自己能力不足还是自己不够勤奋、不够努力。然后估计自己一天可以完成几件事情。

第三，按照自己估算的一天可以完成事情的数量，去完成按轻重缓急排列好的事情，从头开始，全力以赴，专心去做，不管其他的事情。

其实人们并没有那么多的事情，而是事情都堆在一起，每件事情都没有彻底完结，但是又都开了一个头。这样事情就会堆积起来，越来越多。如果只专心做那些重要的事情，每一天只做好几件事情就够了。

时间的管理就是这么简单，就是全神贯注地去做那些重要的事情，将那些不是非常重要的事情抛在脑后。这就是我花十万美元买到的时间管理秘诀。

世界上屈指可数的现代化大食品公司墨西哥城推销中心的技术总监维克托·米尔克是个有效利用时间的大师。在他刚刚接手这份工作的时候，千头万绪的工作让他焦头烂额。他的工作时间受到该部门三千多名员工的影响，因此他的工作几乎没有真正意义上做完的时候。因为太忙，他甚至几年都找不到时间给自己放几天假出去旅旅游。为了解决头疼的时间问题，他参加了一个在墨西哥城举行的时间管理研讨会，在会上，他学到了很多东西，这改变了他的工作与生活方式。

首先，他再也不加班了。按照他自己的说法，他比过去每星期要少工作十到十五个小时，也不再把工作带回家里，而是在更短的时间里做了更多的工作。

其次，过去他往往会将重要的事情留到时间充裕的时候才去做，但是最终发现那些看起来不那么重要的事情用掉了他所有的时间，只能再加班加点地去做重要的事情。现在他学会了一次只做一件事，然后从重要的开始。

最后，"马上动手"原则给了他极大的帮助。以前在工作上他经常因为自身的惰性出现拖拉现象，而现在只要碰见问题，不管多困难也要马上着手去解决。

不管是我的故事还是米尔克的故事，都告诉我们时间是很狡猾的，它会在你不知不觉的时候溜走，人们往往忽视了这一点，发现的时候却悔之晚矣。我们要珍惜时间，学会管理时间，将更多的时间用在最重要的事情上。当时间的主人，善于利用时间，必定会让你的目标早日实现。

◎ 不要抛弃诚实的习惯

只有诚实，才能赢得对方的信任，才有可能让别人和你推心置腹。而虚伪的人，靠欺骗过日子，虽然有时也能取得暂时的好处，但一旦被揭穿就必然遭人厌恶。

我们能否进入到他人人脉网络的核心地带，最重要的就是能否赢得他人对你的信任。有一句俗语说得好："有多少人信任你，那么你就拥有多少成功的机会。"一个值得信任、诚实可靠的朋友是最珍贵的财富之一。

诚实可靠是你个人的信誉保障，如果你在圈子里失去了诚信可靠的名声，那么你的品行人格都会受到他人的质疑，甚至不会再获得他人的信任。你辛苦建立的人际网络也会很快分崩离析。

美国著名心理学家约翰·安德森曾经做过这样一个实验。他在一张表格中列出了五百多个描写人的形容词，然后请六千名大学生从中选出如果自己要交朋友，那么这位朋友所最需要拥有的品质。

当调查结果出来后，安德森发现大学生们对这些为人处事所需要的品质评价最高的是"真诚"，并且在评价最高的八个词语当中，有六个是与诚实可靠有关的，它们分别是：真诚、诚实、忠实、真实、可信赖的、可靠的。而评价最低的五个词语分别是：虚伪、说谎、做作、装假和不老实。

这个研究结果让我们一眼就能看出人们喜欢什么样的人，人们喜欢跟什么样的人做朋友。相信你也一样，喜欢老实人胜过谎话连篇的人。如果你真诚地待人处事，那么就更容易交到真正的朋友，也会赢得更多与他人合作的机会，获得良好的人际关系网更是不在话下。

诚实的人在生活中会获得更多的机会，会更加容易成功，有一个古老的故事很好地说明了这一点。

国王老了，他无儿无女，为了选出一位继承人，他就让士兵为城里的每个男孩送去一粒种子，谁的种子开出了最漂亮的花，那么他就是国王的继承人。几个月后，评选的日子到了，国王来到城里，认真地看着每一个男孩手中捧着的花盆。看着那些绚烂多彩的花，国王的眉头越皱越紧。直到他走到一个捧着空花盆的小男孩面前时，他的眼睛一亮，问道："小伙子，别人都种出了美丽的鲜花，为什么只有你带来了一个空花盆啊？"小男孩委屈地说："我已经很努力了，但是种子就是不肯发芽。"国王哈哈大笑，将小男孩抱起来，宣布他就是王位的继承人。

原来国王发给孩子们的种子是用水煮过的，根本不可能开出任何花朵，国王只是想选出一个最诚实的人而已。

在人际交往中，诚实是基本的前提，只有诚实才会让对方信任你，跟你推心置腹。虚伪只能获得一时的利益与快感，当假面具被戳穿后，必然会遭到他人的厌恶。

在生活中保持诚实的习惯，将会是我们走上成功之路的重要保证。我个人的亲身经历也可以很好地说明这一点。

那是在 1908 年 4 月的一天，我去国际函授学校丹佛分校应聘一份销售员的工作。在办公室里，经理约翰·艾兰奇先生负责做我的面试官。他看了看我的外貌，我能感觉到他内心的叹息，毕竟从外貌上来说我不是一个有魅力的人。接着面试开始了，他问了我的名字和学历后，又问了些简单的问题。

首先他问："你干过推销吗？""没有。"我如实地回答他。"那么，"艾兰奇先生又提出了第二个问题，"你认为推销员的目的是什么？"这个问题在我心中早就滚瓜烂熟，我回答："让消费者了解产品，并且心甘情愿地购买。"他点了点头，我能明确地感觉到他在心中对我有所改观，但是距离得到这份工作还差得远。最后他问："你有什么办法把打字机推销给农场主吗？"我稍微想了一下，回答说："抱歉，先生，我恐怕没办法把这种东西推销给农场主，因为他们根本就不需要。"

艾兰奇先生听完我的回答马上从椅子上站了起来，他握紧了我的手说："小伙子，你得到了这份工作，我相信你一定会是个出类拔萃的推销员。"

看来是我面试的最后一个答案让我获得了这份工作。最后这个问题确实是个很难的问题，但是在我之前面试的人都不曾放弃"将打字机推销给农场主"这件事情。他们害怕如果说不出个答案来面试官会质疑他们的能力，不如碰碰运气胡说八道一番。而我，当了一个诚实的人，做了一个敢说真话的人，这为我赢得了这份工作。

我成功后，一直将诚实作为我的第一座右铭。波士顿市长哈特先生曾说过，五十年来，成功的生意人有90%都是诚实正直的，而不诚实、喜欢耍手段的生意人最终都破产了。许多人将说谎与欺骗作为一种手段，他们坚信说谎与欺骗会为自己带来巨大的利益。有句谚语说得好：爱惜衣裳趁早，爱惜名声趁小。当你成功的大厦建立在欺骗的基础上，那么只要被人察觉了，声名远扬马上就会变成恶名昭彰，成功的大厦也会瞬间崩塌。

做一个诚实的人，不管什么时候都要谨记以诚实正直作为自己的第一原则。无论在什么情况下，最能赢得他人尊重与信任的都是诚实。诚实能让你离成功越来越近。

◎ 享受工作才能享有成功

改变想法就能改变结果。积极的思想会使任何工作都不再那么讨厌，可以使自己从工作中获得加倍的快乐。你要是在自己的工作中找不到快乐，就绝不可能再在其他任何地方找到它。

对工作失去热情，缺少成就感，这些成了阻碍成功最大的问题之一。这样的工作态度，与蒙着眼睛拉磨的驴子没有任何区别。工作代表的不只有负担和压力，当激情渐渐消失，理想又模糊得看不清的时候，工作还能给我们什么呢？

工作是我们人生中最重要的一环，可以说工作就是我们通往成功的基石，其他的一切都是建立在工作的基础上的。而且八小时工作制决定了工作的时间要占到我们人生的三分之一，如果你不再热爱工作，工作得很不开心，那么你的人生中有近三分之一的时间都在烦恼。这可怕的情况不仅会让你在成功的道路上踯躅不前，更会影响到你生活的质量，进而让我们变得消极，变得自暴自弃，甚至终日生活在压抑之中。

洛克菲勒早年曾经做过簿记员，这种工作终日面对的都是枯燥的数字，但是丝毫没有降低他对工作的热情。他的看法是这样的："工资并不是在工作时所获得的最高报酬，只是一种副产品而已。而我们努力工作得到最高的回报不是我们能获得什么，而是我们会因此成为什么。"

如果你仅仅将自己的工作看成是一种谋生手段，那么你就大错特错了，工作是人生中非常重要的组成部分。不要看低自己的工作，也不要将工作当成一种负担。如果你觉得对工作激情不再，找不到成就感，那么就赶紧调整一下你的目标。工作态度会影响到你的心情，同样你的心情也会影响到你的工作效率。只有营造良好的工作环境，转换心态，热爱工作，才能让自己在事业和生活中都获得丰收。

英国著名棒球选手法兰克·派克曾经对我讲述过他工作上的一个故事，这个故事很好地诠释了只有热爱工作的人才能获得成功的道理。

在1907年的时候，派克刚刚进入职业棒球界，没过多久，他就被球队炒鱿鱼了。经理的理由是："你打球的时候太没有激情了，难道你挥棒之前已经在球场上站了二十多年吗？如果你不能改掉你的毛病，那么不管在哪支球队，我都可以保证你得不到什么重用。"

当时他的薪水是一百七十五美元，被辞退后他将薪水降到二十五美元才找到另一份工作。这么少的薪水令派克灰心丧气，对工作更是毫无精神。但是想到自己被辞退的原因，他决定改变自己，让自己成为整个英国最有激情的球员。

在新球队的第一场比赛中，派克就使足了十二分的力气来应对每一个球。他的气势惊呆了对手，也惊呆了队友。专心投入工作中的派克并没有察觉到这些，甚至连酷热的天气都没有对他造成任何的影响。那一场他超常发挥了自己的水平，表现得像一个成名已久的大明星。

比赛的第二天，各大媒体争相报道了这位充满激情的新球员。媒体对他大加称赞："这位新来的球员拥有闪电一般的激情，他鼓舞了球队中的每一个人，给这支球队注入了新的活力。感谢这位球员为我们带来了整个赛季最精彩的一场比赛。"凭着他的激情，他的薪水一下子就从二十五美元涨到了一百八十五美元，超过了原来的薪水。

快乐的心态可以使人忘却工作的辛苦，快乐的心态可以让自己在工作中充满激情。工作不是苦役，我们要学会享受工作中的每个部分，以充满激情与热忱的态度来面对工作，才能在工作中发挥出自己的全部力量。

对于激情的力量，我自己也是深有体会。我个人的习惯是在晚上进行写作，有一天，我面对着打字机工作的时候，下意识地抬头看了看窗外，那时候我住在纽约大都会广场的对面，月亮正以一个奇怪的倒影反射在大都会广场的高塔上。我疑惑了一会才反应过来，那不是月亮，而是升起的太阳。我工作了一夜，天不知不觉地亮了，我没有察觉，是因为我沉浸在自己的写作当中，对于充满激情的我来说，一夜就好像一分钟一样，一眨眼就过去了。但是我没有停止我的工作，在接下来的一天一夜中，我除了吃一点儿简单的食物外，将全部的时间都用在了工作上。

如果我不是对工作充满了激情，如果我不是享受着工作，那么我根本没有那么多的精力连续工作一天两夜。真正能享受自己工作的人，会感受到自己内心中那强大的力量，这股力量将为你带来无穷的精力和动力。

如果你将工作当成一种乐趣去享受，那么人生就是天堂。如果你将工作当成一种义务，那么人生就是地狱。工作还是同样的工作，但是不同的态度会影响你在工作中的收获。

我曾给我的女儿讲述过这样一个故事：

有三个石匠，他们都在雕塑石像。有人问他们："你们在这干什么？"

第一个石匠回答说："我在凿石头啊，凿完这块石头我就能回家了。"这种将工作视为负担、视为苦役的人，注定总是在工作中疲惫不堪，也得不到什么成就。这位石匠一直到死都是石匠。

第二个石匠回答说："我在做雕像啊。虽然工作辛苦，但是薪水高得很呢。我还有全家要养，所以我要努力啊。"人为财死，鸟为食亡，这种人的看法没什么好指责的。但是抱着这种心态工作的人顶多是可以做好工作，也不可能取得什么大的成功。

第三个石匠回答说："你看啊，我正在创造一件艺术品。"这种将工作视为乐趣，享受工作所带来的荣耀的人，不仅会减少工作的辛苦，而且一定会走向成功。

　　哭也是一天，笑也是一天，那么为什么不笑而要哭呢？不管是用开心的态度面对工作，还是用烦恼的态度面对工作，你始终都是要工作的，那么为什么不选择开心的态度呢？只有享受工作的人才是真正懂得工作的人。只有懂得工作的人，才能够走向成功，铸就自己的辉煌人生。

20 世纪最伟大的心灵导师卡耐基小传

　　戴尔·卡耐基创造了"圣经"。我们所指的当然不是基督教的宗教经典，而是说卡耐基的作品被西方世界看作是社交技巧的《圣经》。

　　生于 1888 年的戴尔·卡耐基（Dale Carnegie）是美国现代成人教育之父，著名的人际关系学大师，西方现代人际关系教育的奠基人，被誉为 20 世纪最伟大的心灵导师和成功学大师。

　　戴尔·卡耐基诞生于美国密苏里州玛丽维尔附近的一个小市镇，他的父亲老卡耐基是当地的一个小农场主。然而，密苏里州在当时是美国最贫穷的州之一，再加上 19 世纪末 20 世纪初爆发的经济危机，使得卡耐基的童年并不美好，他经常吃不饱穿不暖。由于营养不良，小卡耐基非常瘦小，并长着一对与头部不很相称的大耳朵。

　　卡耐基毕生都在教育人们如何获得自信，如何赢得成功，然而在小的时候，卡耐基却是一个极其不自信的人。卡耐基的不自信源于他那双又宽又大的耳朵，这对耳朵让他成了同学们嘲弄的对象。

　　有一次，卡耐基和一个名叫山姆·怀特的同学大吵了一架，在吵架的过程中，卡耐基说了几句很刻薄的话，怀特被激怒了，便大声恐吓他："你给我等着，小子。总有一天，我要用剪子把你那对讨厌的大耳朵剪下来！"

卡耐基吓坏了，山姆·怀特的恐吓让他几个晚上不敢睡觉，生怕自己在睡着之后被怀特把耳朵剪了去。

山姆·怀特对卡耐基一生的影响很大。当卡耐基成名以后，仍然没有忘记这个当年曾经给自己带来巨大恐惧的人，他归纳出了一番人生哲理："要想别人对你友善，要想与同事和睦地相处，处理好上下级关系，那就绝不能去触动别人心灵的伤疤。"

实际上，卡耐基始终认为自己从小就具有忧郁的性格。在卡耐基的自述中，人们得知，小时候的卡耐基担心的事情相当多。比如雷雨天，他就会担心自己会被雷劈死；年景不好的时候担心父亲的农场会没有收成，以致全家都会饿肚子；有时，年纪轻轻的卡耐基甚至还会担心自己死后会下地狱。当然，在长大之后，卡耐基终于发现："那些曾经使我非常担心的事情，99%都没有发生。"

正是这种与生俱来的性格和小时候所受的嘲笑让卡耐基最终成了一个给别人自信、让人们乐观的心理激励大师。当然，在这中间，有着无数的挫折和磨难。

1904年，高中毕业之后，卡耐基进入了密苏里州华伦斯堡州立师范学院就读。然而，父母无力负担卡耐基在城市里的住宿费用，于是他不得不住在家里，每天天不亮就骑着马翻山越岭地赶到学校去上课。即便省下住宿费，也还是不够，因此成绩优异的卡耐基虽然领着全额的奖学金，但还是必须四处打工，以弥补学费的不足。

在大学期间，卡耐基发现了一条能够让自己迅速成名的捷径，那就是参加学院的辩论会和演说比赛。在激烈的口才比拼之后，优胜者的名字不但广为人知，而且还会被视为学院的英雄人物。

但这对于卡耐基来说，是一条异常难走的路，因为他根本没有受过任何这方面的训练，因此他总共参加了十二次比赛，每次都以失败而告终。

三十年后，以半开玩笑的口吻，卡耐基谈及了当年的失败经历给自己带来的影响："是的，虽然我没有找出旧猎枪和与之相类似的致命东西来，但当时我的确想到过自杀，我那时才认识到自己究竟有多么差劲。"

幸运的是，还没等一个又一个的失败将卡耐基彻底逼上绝路，成功便到来了。1906年，卡耐基获得了勒伯第青年演说家奖，他演说的题目是"童年的记忆"。时至今日，这份讲稿仍然存放在华伦斯堡州立师范学院的荣誉室里——卡耐基是这所学校走出的成就最高的学生，这次演讲则是卡耐基人生中第一次成功的尝试。

这次获胜对卡耐基的一生产生了非同小可的影响，他如愿以偿成了全院的风云人物，并且接连在各种场合的演讲赛中大出风头。并且，演说的生涯帮助卡耐基彻底摆脱了自卑和忧郁，为他的人生打开了一扇崭新的大门。

1908年，卡耐基完成了自己的大学课程，来到丹佛市，受雇做了一名推销员，后来他又到南奥马哈，为阿摩尔公司贩卖火腿、肥皂和猪油。1911年，不甘寂寞的卡耐基进入了纽约的美国戏剧艺术学院学习表演。一年以后，他感到自己并不具备表演的天赋，于是又回到推销的行业里，为一家汽车公司当推销员。

虽然所从事的都是与口才相关的工作，但卡耐基始终认为这些工作都与他的理想背道而驰，他认为自己应该过有意义的生活，这比赚钱更重要。于是，他说服了纽约一个基督教青年会的会长，同意他晚间为商业界人士开设一个公开演讲班，以进一步发挥自己在口才方面的特长。从此，卡耐基开始了为之奋斗一生的成人教育事业。

在成人教育领域，卡耐基摸爬滚打了整整四十三年，直到他1955年去世为止。这项事业使卡耐基享誉全球，因为他所开办的培训班指导甚至拯救了数以千万计的听众和读者的人生，无数人在重新开始之后取得了巨大的成就，卡耐基的课程成了他们人生中的转折点。没有明确的数字可以统计出究竟有多少人是卡耐基课程的受益者，但是他的著作从第一次出版以来，就始终在畅销书排行榜上高居榜首，其中《人性的弱点》和《圣经》《瓦尔登湖》《富兰克林自传》等一同被美国国会图书馆列入"塑造读者的二十五本书"的名单之中。从卡耐基开始成人教育以来，每一天，在地球的某一处，总会有一个人的生活因为卡耐基的影响而发生改变。

　　这就是戴尔·卡耐基，一个从自卑和忧郁中走出来的曾经的弱者；这就是戴尔·卡耐基，一个影响世界百年的伟大心灵导师。

卡耐基给年轻人的一百句忠告

1.如果你想成为一个不平凡的人，就要学会怎样推销自己。

2.推销自己是一种才华、一种艺术。

3.推销自己和推销商品是一样的，我们更多的应该考虑对方的需求，并根据这一需求，来展现自己的特点。

4.自信是成功的第一秘诀。

5.友善所释放的温暖比强硬更有力量。

6.强硬的手段不能真正解决问题，应该尝试着用温和友善的语气去与他人交流。

7.如果我们将忧虑的时间，用来寻找解决问题的方法，那忧虑就会在我们智慧的光芒下消失。

8. 关心他人与其他人际关系的原则是一样的，必须出于真诚。不仅付出关心的人应该这样，接受关心的人也应当如此。

9. 行为胜于言论，对人微笑就是向人表明："我喜欢你，你使我快乐，我喜欢见到你。"

10. 世上人人都在寻找快乐，但是只有一个切实有效的方法，那就是控制你的思想，快乐不在于外界的情况，而是在于内心。

11. 能设身处地为他人着想，了解别人心里想些什么的人，永远不用担心未来。

12. 当减少批评，多多激励对方时，人所做的好事会增加，不好的事会因受忽视而逐渐萎缩。

13. 良药不必苦口，忠言不必逆耳。在不改变药效的情况下，不妨给药加点儿糖，用赞美代替批评，这就是激励的艺术。

14. 激励对人类的灵魂而言，就像阳光一样，没有它，我们就无法成长开花。但是我们大多数人，只是在躲避别人的冷言冷语，我们自己却吝于把激励的阳光给予别人。

15. 真诚的鼓励和赞扬就像春天明媚的阳光，给人以温暖和激情，能使失败变成前进的动力，亦能为成功的大厦添砖加瓦，使心与心的距离拉近。

16.一个超乎事实的美名，就像灰姑娘故事里的魔棒，点在人身上，会使人从头至尾焕然一新。

17.领导的激励就是对下属的"金口玉言"，你的激励已经证明你能原谅他的缺点，他为了达到你激励他的样子，肯定会改正缺点。

18.信任这个东西一旦遭到破坏，就好像一张发皱的纸，永远也不会变得平坦。

19.忠诚、患难与共、同舟共济的感情，是人类关系中最佳的一种。

20.最简单、最持久、最"廉价"、最深刻的激励就来自于信任。

21.信任，是人们进行交往的基本前提。

22.当他人有了错误时，我们应尽量去理解和宽恕别人，尽量设身处地地为他人着想，顾全他人的尊严；如果需要指出他人的错误，也要尽量用暗示的方式。

23.没人喜欢被别人强迫去买一件东西，我们都喜欢随自己的心愿做出选择。

24.我们每个人都希望得到赞美，在别人赞美我们后，我们会为了证明自己配得上这样的好名声而不惜一切代价地做到最好。

25.如果你希望征服他人，请记住这条规则：给他人一个好名声，让他为此而奋斗努力。

26.避免所有批评干扰的唯一方法就是：坦然面对别人的批评。

27.当你因为觉得自己受到不公正的批评而生气的时候，先停下来说"等一等……我离所谓完美的程度还差得远呢！"

28.事实上，很多人不善于表达，是因为他们内心深处有一种惧怕——惧怕表现自我。

29.如果你想结下仇人，就要比你的朋友表现得更加出色；但如果你想结交朋友，就给朋友表现的机会，要让你的朋友表现得比你更出色。

30.我们每个人都有自己的长处和优点。给别人一次展现的机会，你会发现你在退让之后，却得到了意想不到的收获。

31.人最大的快乐，是从我们所羡慕的强者那里发现弱点，从而得到满足。

32.如果遇到与你作对的人，不妨多与他接触一下，凡事多找他商量，在这个过程中，你很可能会改变对方的态度。

33.如果你身边也有这样一个人，他总是与你作对，你不妨试试有事没事多找他商量，用和善的友谊、温和的言语，征服他。

34.实现双赢需要人与人之间的平等，需要人与人之间的尊重。

35. 了解自己，是走向成熟的开始，也是你迈向成功的第一步。

36. 爱自己，简单来说就是喜欢自己，善待自己。

37. "爱自己"是成熟生活的一个重要标志。

38. 爱自己，就是要接受自己，要冷静客观、怀着自尊心和人类的尊严感来接受自己。

39. 只有当一个人勇于担当，才算是成熟的开始，无论感情还是事业，一切都会变得稳定而充满力量。

40. 责任不是每个人都承担得起的，那些勇于承担责任的人是值得尊敬的。

41. 当不幸降临于自身时，我们根本没有必要去怨天尤人，而是要乐观自信。因此，面对不幸，不要抱怨，乐观自信就是摆脱不幸的第一法则。

42. 要想摆脱不幸，最好的一种方法便是勇敢地面对所有的不幸。

43. 在哪里跌倒了，就在哪里站起来。

44. 那些信念放在心中，把信念看成是一种原则和信仰的人，则找到了自己的人生意义和方向。

45. 信念，是人人都可以支取力量的河，并且具有取之不尽、用之不竭的力量。

46. 一个成熟的人会拥有坚定的信念，并从容地付诸行动。

47. 行动与信念的关系就好比我们的肉体与精神的关系。你的肉体是你的精神的载体，前者证明了后者的存在。

48. 说空话只能导致你一事无成，只要养成行动大于言论的习惯，那么即使是再艰难、再巨大的目标也是最终能够实现的。

49. 自己才是最强大的，求人不如求己。

50. 当我们面对自己的生活道路需要做出某种选择和决断时，来自朋友的一句支持和鼓励往往就能使我们坚定信心。

51. 朋友比世界上所有的金钱都珍贵，朋友比世界上所有的财富都恒久。

52. 在这个世界上，金钱能给人一时的快乐和满足，但无法保证你一辈子拥有。而朋友的友谊能给你一生的支持和鼓励，让你终身拥有快乐、温馨和满足。

53. 忧虑的产生是一个负面情绪不断累积的过程。

54. 只要我们勇敢地接受不可避免的现实，拒绝沉浸在痛苦之中，那么，在我们忧虑时，时间会成为我们最好的帮手。

55.在遇到不如意的事情的时候，如果我们换个思维方式，改变一下心态，勇敢地接受它，然后再设法改进它，那么结果就会是另一种样子。

56.紧张是一种习惯，放松也是一种习惯，而坏习惯应该去除，好习惯应该养成。

57.没有人在滑雪或做激烈运动的时候还在忧虑，因为他忙得没时间忧虑。忧虑的大山很快就变成微不足道的小丘，激烈的运动很容易就能将它"摆平"。

58.忧虑的最佳"解毒剂"就是运动。当你忧虑时，多用肌肉，少用脑筋，其结果将会令你惊讶不已。

59.越是追求过多，忧虑就越走近你。

60.偶然的小疏忽，或无意间的小过失，只要并非故意不恭或损人，也未造成恶果，那么就没有必要牵肠挂肚。

61.如果我们想的都是快乐的念头，我们就能快乐；如果我们想的都是忧虑的事情，我们就会忧虑。这就是自我暗示的作用。

62.一切的成就，一切的财富，都始于一个意念。这个意念就是自我暗示。

63.今天就是你昨天所担心的明天，如果你不能马上抛弃压力，你就完全可能处在永远的忧虑之中。

64. 我们所忧虑的事情90%都不会发生。

65. 我们应该计划十年以后的事情，如果你希望十年后变成怎样，现在就必须变成怎样。没有生活目标的人永远无法获得成功，因为没有了目标，我们根本没法成长。

66. 只要我们心中有明确的目标，就一定会创造出奇迹。

67. 把你所有的鸡蛋都放进一个篮子里，接下来你要做的，就是看紧这个篮子，别让任何一个鸡蛋掉出来。当我们确定了目标之后，就不要心有旁骛，不要把精力分散在过多的杂事上。

68. 只要全心全意地专注于一项事情，就必定能在这项事情上取得成功。

69. 成功没什么秘诀可言，如果真有的话，就是两个：第一，坚持到底，永不放弃；第二，当你想放弃的时候，回过头看看第一个秘诀。

70. 成功其实很简单：你先有一个梦想，然后脚踏实地地努力经营自己的梦想，不管别人说什么，都不放弃。

71. 节俭是一种美德，也是我的一个重要的致富方法。

72. 节俭不仅是积累财富的一块基石，更是在执行人生规划中想要完成目标所必不可少的步骤。

73. 我们应该记住，一年中每一天都是珍贵的时光。只有那些今天的事今天做的人，才会在今天奠定成功的基石，孕育明天的希望。

74. 今天事，今天做。

75. 现实是此岸，梦想是彼岸，中间隔着湍急的河流，行动则是架在河上的桥梁。

76. 一次行动足以显示一个人的弱点和优点是什么，能够及时提醒此人找到人生突破口。

77. 行动和速度是制胜关键。

78. 凡是成大事者都是果敢行动和巧妙行动的大师。

79. 以周密的思考来阻碍自己的行动，甚至比一时冲动还要错误。一旦事情耽搁，即使满足"万事俱备"，也会辛苦百倍，还会使灵感失去应有的乐趣。

80. 找出你内心真正的渴望，找准你的目标，而后，果断地完成它。不要逃避，不要放弃，要始终如一，坚守目标，要把一切艰难挫折当作使自己更强大、更坚决的机会。

81. 我们具备了当机立断的好态度，因此，才会站在时代的前列；而另一些人态度犹豫不决，直到时代超越了他们，结果他们落后了。

82.想要取得成功，专心地把眼前的事情做好最重要。只有用自己的学识，把眼前的一件件具体的事情做好，才能聚沙成塔，集腋成裘，才可以为国家强大做些实事。

83.人生最重要的，不是眺望模糊的远方，而是专心做好眼前的事。

84.只要让自己活在完全独立的今天，将它和逝去的昨天以及尚未到来的明天相隔绝，这样你就懂得你的前途在于把握今天而不是担忧明天，这样你才会专心于眼前的事。

85.我们活在世上的光阴只有短短几十年，我们却浪费了很多时间，为一些一年内就会被忘了的小事发愁。这是多么可怕的损失。

86.一个稳定平和的情绪，比一百种智慧更有力量。

87.控制情绪是一种十分难得的能力，它不是枷锁，而是你带在身上的警钟。

88.时间管理就是专心去做最该做、依靠能力和努力可以完成的那几件事，其他的事先不要管，这是时间管理的妙诀。

89.只有诚实的人才会获得机遇和成功。

90.在生活中保持绝对诚实，是我们踏上成功之途最重要的保证之一。

91.如果你视工作为一种乐趣，人生就是天堂；如果你视工作为一种义务，人生就是地狱。

92.从事一项工作，不如喜欢这项工作；喜欢这项工作，不如享受这项工作。

93.改变想法就能改变结果。

94.以享受的心态对待工作和生活。

95.我的座右铭是：第一诚实，第二勤勉，第三专心工作。

96.我们若已接受最坏的，就再没有什么损失。

97.与人沟通的诀窍就是：谈论别人最为愉悦的事情。

98.那些有着丰功伟业的人，多半是那些在看来毫无希望的处境下仍然不懈努力的人。

99.成功者与失败者最大的差异是，成功者都会设法由失败中获益，再尝试其他的办法。

100.如果你真正对别人感兴趣，相信不超过两个月，你就会交到许多朋友；绝对比你两年内想吸引别人注意所交到的朋友更多。简单地说，交朋友的另一个方法是让自己成为别人的朋友。